AF362669

COLLECTION COLONNA

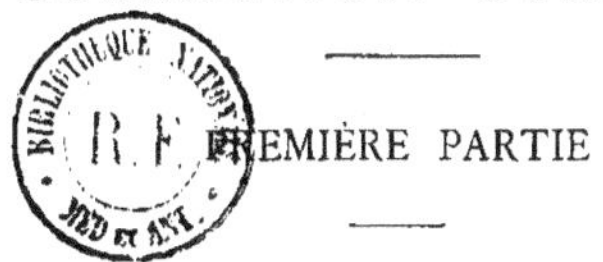

PREMIÈRE PARTIE

MONNAIES ITALIENNES

DU MOYEN AGE ET DES TEMPS MODERNES

MÂCON, PROTAT FRÈRES, IMPRIMEURS

COLLECTION COLONNA

PREMIÈRE PARTIE

MONNAIES ITALIENNES

DU MOYEN AGE ET DES TEMPS MODERNES

VENTE AUX ENCHÈRES PUBLIQUES

A Naples, chez MM. C. et E. CANESSA
Piazza dei Martiri

Les Lundi 3 et Mardi 4 Mai 1909, à deux heures précises,
et le matin s'il y a lieu.

EXPOSITION : Le Samedi 1ᵉʳ Mai 1909 de 2 à 6 heures.

GALERIES C. et E. CANESSA
PIAZZA DEI MARTIRI
NAPLES

BIBLIOTHÈQUE NATIONALE R F

La Collection Colonna est bien connue à Naples. Ferdinando Colonna, des Princes de Stigliano, fut un érudit et un patriote ; il eut, pour les monuments de sa ville natale, un amour sincère et profond : cet amour se lit dans chaque page des nombreuses monographies qu'il a écrites sur l'histoire de Naples.

En sa qualité d'inspecteur des Beaux-Arts, il suivait avec intérêt les travaux édilices du *Risanamento* qui, faisant des tranchées dans un des quartiers les plus anciens de Naples, amenèrent la découverte d'un grand nombre d'inscriptions et de fragments de sculptures antiques ou de monuments du moyen âge. Ce fut même souvent grâce à son infatigable surveillance que ces monuments purent être conservés, car les architectes, craignant l'intolérance et la procédure lente des préposés aux Musées nationaux, se hâtaient souvent de détruire ces précieuses reliques du passé, quand elles ne présentaient pas à leurs yeux un attrait artistique suffisant.

Ferdinand Colonna a commencé, en 1865, sa collection de monnaies grecques, romaines et du moyen âge. Nous décrivons, dans ce catalogue, la partie médiévale, et nous prenons occasion de l'intérêt tout particulier qu'elle présente au point de vue de l'histoire napolitaine, pour publier plusieurs notices inédites sur les graveurs de coins, sur les noms des officiers de la Monnaie et sur la date des émissions.

C'est le moins que nous puissions faire en décrivant la collection de notre vieil ami, et en pensant au profond attachement qu'il avait pour ces médailles.

La Collection Colonna contient plusieurs pièces uniques ou d'une très grande rareté. Une des pièces les plus intéressantes de la série lombarde est le *follis* salernitain à la légende **IMPERATOR**.

La chronique du moine de Salerne (xe siècle), en parlant des rapports de Charlemagne avec le prince de Bénévent, fait observer que le seul souverain qui puisse être appelé *imperator*, c'est celui qui gouverne le *regnum Romanum*, c'est-à-dire le basileus. La polémique sur ces titres recommença entre la cour d'Orient et Othon Ier et son fils. Cette monnaie est un document historique de la plus haute importance, car elle fait allusion aux projets de conquête d'Othon II.

Une autre monnaie unique (Pl. I, n° 14) nous montre d'un côté le buste à mi-corps d'un seigneur normand, la main droite levée, peut-être dans l'attitude de prêter serment de vasselage, et de l'autre, l'inscription **ROBER** et une croix. Engel a attribué cette monnaie à Salerne et au duc Robert Guiscard ; mais le dessin fait penser plutôt à Capoue.

De la plus grande rareté est le quart de denier (Pl. I, 19) frappé, par ordre de Frédéric II, entre 1221 et 1225.

J'ai publié dans la *Gazette numismatique* la curieuse pièce reproduite au n° 1 de la II° planche. C'est une contrefaçon des gillats de Robert d'Anjou, frappée par ordre du pape Martin V. Elle porte l'emblème du fouet distinctif de Domenico Gherardini, maître de la Monnaie de Rome.

Parmi les monnaies des Abruzzes nous voyons un des plus beaux exemplaires connus du *gillat* de René d'Anjou ; la rarissime *cella* de Louis de Montorio (ces monnaies eurent cours seulement pendant l'espace de quelques mois, et furent retirées de la circulation et fondues en avril de l'an 1443. — C. S. Comune 4 fol. 21. Archives de Naples) ; le *bolognino* de Civitaducale dont on connaît, je crois, seulement trois exemplaires.

On connaît également très peu d'exemplaires du carlin de Ferdinand Ier d'Aragon, gravé d'après un dessin de Guido Mazzoni, l'auteur du célèbre buste en bronze de Ferdinand, qui est au Musée de Naples. Au revers de cette pièce, on voit le dragon avec une tête humaine, qui offre probablement un portrait, et l'on pense que Ferdinand, avec une cruelle malice, ayant étouffé la seconde révolte des Barons, aurait fait ainsi représenter son pire ennemi.

Une des plus rares, parmi les monnaies obsidionales, est certainement le *scudo*, frappé à Naples en 1528 par le prince d'Orange pour payer les milices impériales. Ces pièces sont mentionnées dans une *grida* de l'an 1533 : *li scuti seu chianfluni che se fecero in tempo de lo assedio se spendano ad carlini otto lo uno et lo mezo scuto a la dicta ragione.*

Arthur Sambon.

LES LOMBARDS

DE BÉNÉVENT DE SALERNE ET DE CAPOUE

BÉNÉVENT

1. **Romoald II** (706-731). *Sou d'or.* DN·ILଥ੍ਤINIVNV·P. Buste de face.
℞. VICTORIᐁ·ᐁVꟼVଥT·—CoɴoB. Croix ansée sur trois degrés; à g., **R**.
         R. Or. F.D.C.

2. — *Tiers de sou.* DN·IЧSTINIANVS. Buste de face. ℞. VICTORI·AVꟼVS
—CoɴoB. Croix ansée sur un globe; à g., **R**.
         Variété inédite. RR. Or. F.D.C.

3. **Gisulf II** (742-751). *Sou d'or.* DN·I———·····INVS·P·P. Buste de face.
℞. VICTOR·ꟼVSTO—CoɴoB. Croix ansée sur un globe posé sur quatre degrés;
dans le champ, ୪ꟼ.   R. Or. F.D.C.

4. **Liutprand sous la tutelle de Scauniperga** (751-755). *Tiers de sou.*
DN———····—VN·P·P. Buste de face. ℞. VITIRV·∴·VꟼVTI—CoɴoB. Croix ansée;
dans le champ, S—L. *Voyez pl. I, n° 1.*   RRR. Or. F.D.C.

5. **Liutprand seul** (755-759). *Sou et Tiers de sou.* DN———·····—VN·P·P. Buste de
face. ℞. VITRᐁ·∴·ᐁꟼVTI—CoɴoB. Croix; à g., **L**. —2 p. *Voyez pl. I, n°⁵ 2 et 3.*
         R. Or. F.D.C.

6. — *Tiers de sou.* D———····—Vꟼ·P·P. Buste de face. ℞. VICTO—VSTV—
CoɴoB. Croix ansée; à dr., **L·DVX** en monogr. *Voyez pl. I, n° 4.* RR. Or. T.B.

7. *Contrefaçon du sou d'or.* DN—IVN·P·P. Buste de face. ℞. VICTIR ᐁ—
ᐁꟼVSTV—CONOB. Croix ansée sur un globe posé sur quatre degrés; à g., **L**.
         RR. Æ. A.B

8. **Arichis, duc** (759-774). *Sou d'or*. **DNS·VICTORIA**. Buste de face.
℞. **VICTIRⱯ·ⱯSVSTV—C·ᴏɴᴏ·B**. Croix ansée sur trois degrés; à g., **A**.
R. Or. F.D.C.

9. — *Tiers de sou*. Même avers. ℞. **VITIRⱯ ·∴· VⱾVTI—CᴏɴᴏB**. Croix ansée;
à g., **A**.
R. Or. F.D.C.

10. **Arichis, prince** (774-787). *Tiers de sou*. **DNS·VICTORIA**. Buste de face.
℞. **VITIRⱯ ·∴· PRINPI—C·ᴏɴᴏ·B**. Croix ansée; à g., **A**.
2 p. Or. F.D.C.

11. **Grimoald III (avec le titre DVX) et Charlemagne** (788-793). *Sou d'or*.
GRIMVALD DVX (les quatre dernières lettres en monogr.). Buste de face
℞. **DOMS·∴·CAR·Ɍ—VIC**. Croix ansée, sur quatre degrés; dans le champ, **Ⱦ·R**.
RR. Or. F.D.C.

12. — *Tiers de sou*. Mêmes types.
R. Or. T.B.

13. — (Sans le titre **DVX**) **ⱾRIMVALD**. Buste de face. ℞. **DOMS·∴·CAR·
RX···VIC**. Croix ansée et **Ⱦ—R**.
R. Or. F.D.C.

14. — *Tiers de sou*. **ⱾRIMVALD**. Buste de face. ℞. **DOMS·∴·CAR·Ɍ—VIC**.
Croix ansée; à g., **ⱾRI** en monogr.
RR. Or. T.B.

15. **Grimoald III seul (avec le titre de prince)** (793-806). *Sou d'or*. **ⱾRIMVALD**.
Buste de face. ℞. **VICTORⱯ ·∴· PRINCIP—C·ᴏɴᴏ·B**. Croix ansée sur un globe et
trois degrés; dans le champ, **Ⱦ—R**.
R. Or. F.D.C.

16. — *Tiers de sou*. Mêmes types; 1ʳᵉ émission avec, au revers, **VITIRⱯ**.
R. Or. T.B.

17. — *Tiers de sou*. Mêmes types; 2ᵉ émission avec, au revers, **VITORⱯ**.

18. **Grimoald IV** (806-817). *Denier*. **GRIMOALD FILIVS ERMENRIHI**. Trident
avec au centre un épi. ℞. **ARCHANGELVS MICHAEL**. Croix radiée.
RR. Ar. F.D.C.

19. **Sicon** (817-832). *Tiers de sou*. **SICO PRINCE**. Buste de face. ℞. **·∴· AR-
CHANⱾELV MICHAEL**. Croix ansée et **Ƨ—C**.
R. Or. T.B.

20. — *Denier*. **✠ PRINCES BENEBENTI**. Au centre, **SICO** en monogr.
cruciforme autour d'un losange; dans le champ, quatre globules. ℞. **ARCHANGE-
LVS MIHAEL**. Croix ansée sur trois degrés, entre deux globules. — 2 p. Ar. B.

21. — *Denier*. Mêmes types, sans les globules autour du monogr. — 2 p.
Æ. B.

22. — *Denier*. Mêmes types, le monogramme tourné à gauche. R. Æ. B.

23. **Sicard** (832-839). *Sou d'or*. SICARDV. Buste de face. ℞. VICTORV ∴PRINCIP—CoɴoB Croix ansée et S—I. R. Or. F.D.C.

24. — *Contrefaçons du sou d'or*. Mêmes types. — 2 p. RR. Æ. F.D.C.

25. — *Tiers de sou*. Mêmes types. Or. F.D.C.

26. — *Denier*. ✝ PRINCES BENEBENTI. Au centre, SICARD en monogr. ℞. ·A·RCHANÇELV MIHAEL. Croix ansée entre deux globules. Æ. T.B.

27. **Radelchis I** (839-851). *Denier*. RADELCHIS PRINCES. Trident avec un épi au centre. ℞. ARCHANÇE·MICHAEL. Croix radiée. RR. Æ. B.

28. — *Denier*. ARCHANÇE MICHAEL. Au centre, RADEL en monogr. ℞. RADELCHIS PRINCE en caractères mal formés. Croix ansée entre deux globules. Inédite. RR. Æ. B.

29. **Adelchis** (853-878). *Denier*. ✝ ADELÇISI PRINC. Au centre, croix grecque accosté des lettres A·Ꙏ. ℞. ✝ ARHANÇELVS MIH. Au centre, S·MARIA en monogr. *Voyez pl. I, n° 5.* RRR. Æ. B.

30. **Louis II empereur et Engilberge** (867-870). *Denier*. ✝ LVDOVVICVS·IMP. Au centre, AVGVS*tus* en monogr. ℞. ✝ ANGILBERÇA IMPE. Au centre, AÇVSTA en deux lignes. R. Æ. B.

31. — *Denier*. ✝ LVDOVICVS IMP. Croix. ℞. ✝ ANÇIL BERÇA IMP. Croix coupée par une seconde croix en X. Æ. T.B.

32. **Incertaine de Bénévent.** Buste de face tenant une longue croix ansée ; à dr., un astre. ℞. Croix ansée sur trois degrés, entre deux astres. — 2 p. Inédite. Æ. B.

SALERNE

33. **Guaïfer?** (861-880). *Follis*. Buste de face de saint Maxime. ℞. VICTORIA. Vue des fortifications, sur la mer. — 2 p. R. Æ. T.B.

Ces monnaies font probablement allusion au mémorable siège soutenu, en 872, par les Salernitains contre les Musulmans. Le Chroniqueur anonyme de Salerne décrit les *trois* tours élevées à cette époque du côté de la mer.

34. — L'archange Michel debout. ℞. **MENSE AVGVSƮV** écrit dans le champ.

RR. Æ. A.B.

L'armée musulmane fut mise en déroute au mois d'août de l'année 872.

35. **Gisulf I** (935-973). *Follis.* **+ ƓISVLFVS PRINCEPS.** Buste du prince de face; à dr., un astre. ℞. **+ OPVLENTA SALERNV.** Vue des fortifications de la ville prise du côté de la mer. *Voyez pl. I, nᵒ 7.*

Superbe exemplaire. R. Æ. T.B.

Cette monnaie est une des œuvres les plus élégantes de l'art monétaire lombard du xᵉ siècle.

36. Mêmes types. — 3 ex. R. Æ. B.

37. **GISVLFVS PRINCES.** Le Prince debout. ℞. **+ OPVLENTA·SALERNO** écrit dans le champ. — 2 p. RR. Æ. T.B.

38. **Restauration de Gisulf** (974-977). Le Prince debout à mi-corps, tenant un drapeau; de chaque côté, une branche de liliacées. ℞. **+ DEO ƓRATIAS** écrit dans le champ.

(Refrappé sur un follis de Gisulf du 1ᵉʳ type.) *Voyez pl. I, nᵒ 10.*

RRR. Æ. T.B.

Gisulf avait été chassé de Salerne par Landolf de Conza; il récupéra le trône grâce à l'appui des Pandolf Tête de fer et au dévouement du peuple Salernitain. Une curieuse monnaie porte en effet la légende **AMOR POPVLI**.

39. **Manson III,** duc et patrice d'Amalfi, son fils Jean et l'empereur **Othon II** (981). *Follis.* **IMPERATOR.** Buste de l'Empereur de face. ℞. Manson et son fils tenant une croix; au-dessus, deux astres. *Voyez pl. I, nᵒ 9.*

Unique. Æ. F.D.C.

Le style de cette monnaie est identique à celui des monnaies portant la légende **MANSO VIC·E·DVX** : la forme des lettres, particulièrement de l'**A**, est la même. C'est un document historique de la plus grande importance. En 981, Manson, duc et patrice d'Amalfi, s'était emparé de Salerne (Cod. Cav. II, 399. Schipa Sal. XII, 249). Otton accourut avec l'intention de mettre le siège à Salerne, mais il conclut la paix avec Manson et lui laissa Salerne.

40. **Manson III seul.** *Follis.* Buste de face, entre deux étoiles. ℞. **MANSO VIC·E DVX** écrit dans le champ. *Voyez pl. I, nᵒ 11.* RR. Æ. T.B.

41. — Pièce refrappée. 1ᵉʳ type : **S.ℳ.** Buste de saint Maxime de face.

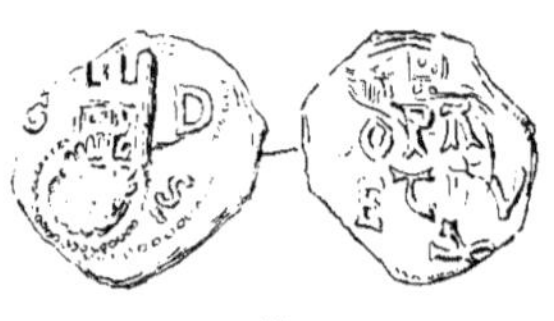

℞. ........O.PA..ET DVX (Manso patricius et dux?) écrit dans le champ. —
2ᵉ type : Buste du Sauveur. ℞. Tour fortifiée accostée des lettres ϭ—D (Guilelmus dux).

Les deux types sont inédits. *Voyez la gravure.*   Æ. B.

42. — Buste de face? ℞. **MANSO VIC E DVX** écrit autour d'une croix.
Pièce ayant subi plusieurs refrappes.   Æ. A.B.

43. **Abbaye d'Amabilis près de Salerne** (xᵉ ou xɪᵉ siècle). *Follis.* Buste de
saint Maxime. ℞. **AMABILIS**. Croix à double barre, accostée d'étoiles.
Refrappée avec la pièce n°   RRR. Æ. A.B.

Guaïfer et Guaimar Iᵉʳ furent particulièrement dévots à saint Maxime et firent de riches donations
à l'abbaye d'Amabilis dédiée à ce saint. Guaimar Iᵉʳ finit ses jours dans le cloître d'Amabilis.

CAPOUE

44. **Atenolf** (886-901). *Fraction de follis.* Cavalier à dr. ℞. Les lettres **ATN·PRI**
dans les espaces et sur les branches d'une croix. — 2 p.   RR. Æ. B.

45. **Incertaines au type religieux** (fin du xᵉ s., commᵗ du xɪᵉ s.). *Follis.*
S̄A—P̄Є. Buste de face de saint Pierre. ℞. **M̄I—V̄Θ**. Buste de la Vierge.

RRR. Æ. B.

46. — **I̅C̅—X̅C̅**. Buste du Sauveur. ℞. **X̅C̅·R̅E̅G̅·X̅C̅·I̅M̅P̅Є** écrit dans le champ.
R. Æ. A.B.

LES DUCHÉS DE NAPLES ET DE GAËTE

NAPLES

47. **Monnayage anépigraphe à l'effigie impériale.** 20 *nummi.* Buste de
Constant II de face. ℞. **XX**; à l'exergue, **NЄ**. *Voyez pl. I, nᵒ 6.* RR. Æ. T.B.

48. **Étienne II** (755-800). *Révolte contre les décrets iconoclastiques.* 20 *nummi.*
SC·IANO. Buste du saint. ℞. **+ NЄΑΠΟΛIC** dans le champ. — 2 p. RR. Æ. B.

49. **Étienne III** (821-832). 20 *nummi.* **SCS·IAN**. Buste du saint. ℞. Croix
accostée des lettres **S—T**. — 4 p.   Æ. T.B.

50. **Serge I** (840-864). *Follis.* **SERϚIV DVX**. Le duc debout à mi-corps de face.
℞. **SCS.IANV**. *Voyez pl. I, nᵒ 8.*   RR. Æ. T.B.

51. — Autre exemplaire. RR. Æ. B.

GAËTE

52. **Marinus I.** *Follis.* Buste de face. ℞. Lég. circulaire. M·A·R *in* O—G·D·
autour d'un cercle de globules. RRR. Æ. B.

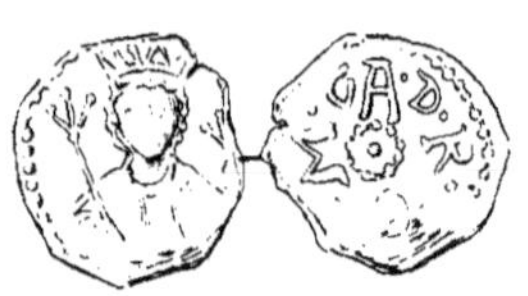

52

53. **Jean IV** (1032). *Follis.* Tête de saint Érasme de face. ℞. XVᗡ·ƧHOI
autour d'un cercle. *Voyez pl. I, n° 13.* RRR. Æ. T.B.

LES NORMANDS A CAPOUE, A SALERNE, A MILETO, A GAËTE

CAPOUE

54. **Robert I, prince** (1106-1120). *Follis.* Buste à mi-corps, le prince tourné légè-
rement à g., le tête de face, la main droite levée; derrière, ·∴. ℞. $\overline{\text{ЯO8}}$ E+9·

Voyez la gravure et la pl. I, n° 14. Unique. Æ. T.B.
Engel pense que cette monnaie a été frappée par Robert Guiscard.

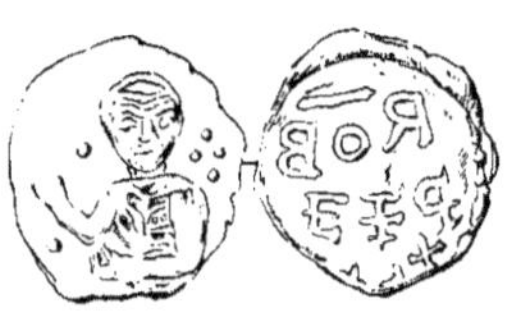

54

GAËTE

55. **Monnayage anonyme des XI**ᵐᵉ **et XII**ᵐᵉ **s.** *Follis.* Buste de saint Érasme de
face. ℞. CONS ЄT DVX—⅃A. Au centre, ꞷ. RR. Æ. T.B.

56. — + CONSVL ET DVX. Au centre, ⑥. ℞. Croix et les lettres
S.E -Ā.ꞷ. RR. Æ. T.B.

57. — **+ CON ET DVX**. Au centre, une croix. ℞. **+ CON ET DVX**. Au centre, une croix. Contremarque **DV̄**. RR. Æ. T.B.

SALERNE

58. **Robert Guiscard.** *Follis.* **Ā—Ω̄**. Buste de face. ℞. Dans le champ, **DVX· ITA**liae **SALERNO**. *Voyez pl. I, n° 12.* RRR. Æ. T.B.

59. — *Follis. Pièce refrappée.* Buste entre deux tours. ℞. **ITA—LIE**. Buste de face. Cette pièce est refrappée sur la monnaie suivante de Manson : cheval. ℞. .....**VIC E DVX** dans le champ. *Voyez la gravure.* RRR. Æ. A.B.

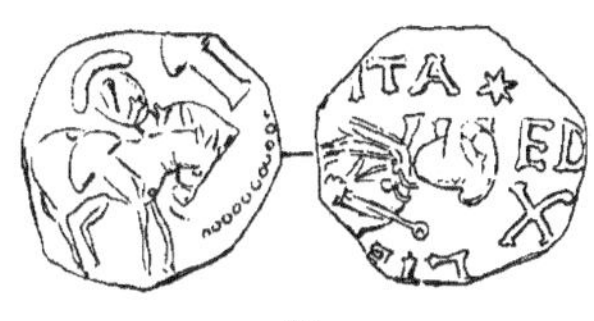

59

60. **Roger Borsa.** *Follis.* **Ϛ ꟿ**. Buste de saint Mathieu de face. ℞. ***ROCE-RIVS DVX** écrit dans le champ. — 3 p. R. Æ. B.

61. — Autres exemplaires refrappés sur des monnaies byzantines au type religieux, entre autres, sur une que Sabatier classe au xiiie siècle. — 2 p. Æ. B.

62. **Roger, Foulques et Guillaume de Ba....** *Follis.* Deux personnages vus à mi-corps, soutenant une croix ; à g., **RVϭ** (?). ℞. **+ FVL·GVI·DE·BA·SALER**. RR. Æ. A.B.

Ces personnages sont inconnus dans l'histoire ; le style de la monnaie est identique à celui des pièces à la légende **DVX ITALIE·GVI DE BA** pourrait se lire Guillaume de Basville plutôt que Guillaume de Bari.

63. **Guillaume, duc** (1111-1127). 1/2 *Follis.* **GVI·DVX** dans le champ. ℞. Croix ornée. Pièce refrappée sur une monnaie avec un aigle éployé. RR. Æ. B.

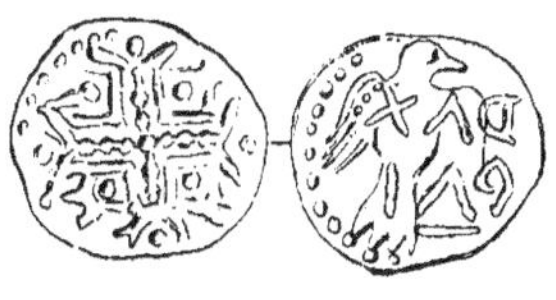

63

64. — *Fraction de follis.* **Ϛ̄—ꟿ̄**. Buste de saint Mathieu. ℞. Croix et **VV DVX**. — 2 p. Æ. T.B.

65. **Roger, comte de Sicile.** *Follis.* Buste de face. ℞. **ROCCE DI DVX SALERNO**, écrit dans le champ.   RR. Æ. B.

AMALFI

66. **Roger Borsa.** *Tari.* Lég. coufique circulaire : 1er cercle « frappé dans la ville de Melf ». — 2e cercle, imitation de légende coufique. Au centre, **R.** ℞. Lég. coufique circulaire : 1er cercle « frappé dans la ville de Melf ». — 2e cercle, imitation de légende coufique. Au centre, croix pattée.
Voyez pl. I, n° 15.   RRR. Or. T.B.

MILET

67. **Roger, comte de Sicile** (1058-1111). *Follis.* **ROGERIVS COMES.** Cavalier à g. ℞. **MARIA MATER DNI.** La Vierge assise à dr., tenant dans ses bras l'Enfant emmailloté. — 5 p.   Æ. T.B.

68. — *Follis de grand module.* Croix ornée; dans les espaces : **ROGERIVS CO MIS.** ℞. **CALABRIE ET SICILIE.** Au centre, T dans un double cercle et un grènetis.
                        RRR. Æ. T.B.

68 *bis.* — *1 2 follis.* Croix et **ROGE CO ME.** ℞. **CALABR ET SICILIE.** Au centre, T ou T. — 3 p.   Æ. B.

69. **Messine.** *Fraction de follis.* **O A(γιος) NIKOΛAO.** Buste de saint Nicolas de face. ℞. **ΕΓΙΝΕΤΟ ΕΙΣ ΤΗΝ ΠΟΛΗΝ ΜΕΣΣΗΝΗΣ.**   RR. Æ. A.B.

70. **Bari.** *Fraction de follis.* **O A(γιος) NIKOΛAO.** Buste de saint Nicolas de face. ℞. Lég. coufique circ. « frappé à Bari l'an 534 » (fin sept. 1139). — 2 p.
Voyez pl. I, n° 17.   RR. Æ. T.B.

Les nos 69 et 70 ont été frappés l'an 1139 pour commémorer la prise de Bari et la fin de la révolte apulienne.

MONARCHIE

LES ROIS NORMANDS

71. **Roger II, roi de Sicile, et son fils Roger, duc d'Apulie. Palerme.** *Ducat.* **R·R·SLS—R·DX·AP·—AN·R·X** (1140). Le roi et le duc debout soutenant une croix à double traverse. ℞. **+ IC·XC·RECN·IN·ÆTN.** Buste du Christ.
Pièce concave; c'est la première monnaie médiévale datée. — 3 p.   Æ. T.B.

72. **Roger seul. Palerme.** *Tercia ducalis.* **+ TERCIA DVCALIS.** Au centre, croix ornée. ℞. Lég. coufique circ. « frappé l'an 535 » (à partir de août 1140). Au centre, lég. coufique : « dans la ville de Sicile » (Palerme). — 2 p.   Æ. B.

73. **Roger II, Messine.** *Ramasina.* Le roi assis de face tenant une croix. A dr.,
Я/II. ℞. **CEϨVS.** Buste du Sauveur de face.

Pièces concaves. — 3 p.   Æ. T.B.

74. — *Follis.* Le roi debout ; à g., R/II ℞. Le Christ assis de face.   Æ. B.

75. — *Follis.* Le roi debout ; à g., Я/II. ℞. Croix ornée et accostée des lettres
I͞C·—X͞C—N͞I—K͞A.
Dans un ex. l'**A** a la forme cursive *a*. — 2 p.   Æ. B.

76. — **Messine ou Palerme.** *Fractions de follis.* Pentagone. ℞. Inscr.
coufique « *Prince des Croyants* ». — 2 p.   Æ. B.

77. — **Messine.** *Fraction de follis.* Le roi debout ; au pourtour, **POΓEPIOC
RHϟ.** ℞. **IⅭ·:·XⅭ·:·NI·:·KA.** Croix pattée dans un cercle.   RR. Æ. B.

78. — **Salerne.** *Follis.* Tête du roi de face ; au pourtour, **+ ROⅭERI.**
℞. **IⅭ·XⅭ.** Croix ornée se terminant en ancre.   RR. Æ. T.B.

79. — — Buste du roi de face. ℞. Palmier accosté de deux astres et des lettres
R-R. *Voyez la gravure.*   RR. Æ. T.B.

80. — Mufle de lion. ℞. **ROⅭERIVS·REX** autour d'un astre.   R. Æ. T.B.

81. — Lég. circulaire. **ROⅭERIVS REX.** Cercle et globule. ℞. Croix
accostée de quatre étoiles. — 2 p.   Æ. B.

82. — Panthère. ℞. ·**R**· dans un double cercle à grènetis.   RR. Æ. B.

83. — R͞O R̄. ℞. Croix pattée er quatre globules. — 2 p.   Æ. B.

84. — Couronne et **R·R.** ℞. Astre à six rayons. — 2 p.   RR. Æ. T.B.

85. — Buste de face. ℞. Croix. *Voyez la gravure.*   R. Æ. B.

Un curieux tréllage sur cette pièce nous montre que l'on frappait plusieurs types en même temps
sur une lamelle de bronze que l'on coupait ensuite.

86. — **Brindes(?)** Ϩ S/T. Buste de saint Théodore. ℞. **+R+O+R+X.** Au
centre, croix pattée accostée de quatre globules.   RR. Æ. B.

87.   **Capoue. S·S.** Buste de saint Étienne de face. ℞. Croix accostée de quatre globules.   RR. Æ. B.

88. — **Naples. S̄ ¦ I Ā.** Buste de saint Janvier de face. ℞. **✛ XPS·VIN·XPS· REG·XPS·I.** Croix accostée de quatre étoiles.   RRR. Æ. T.B.

Cette rare petite monnaie, dont on connaît seulement deux autres exemplaires, a été frappée par les Napolitains pendant le siège qu'ils soutinrent contre l'armée de Roger.

89. **Guillaume Ier. Messine.** *Tari.* Lég. coufique 1er cercle : « *frappé dans la ville de Messine l'an.....* » — 2e cercle : « *Le roi Guillaume qui par ordre de Dieu, conduit dans la vraie voie.* » Au centre, un globule dans un cercle. ℞. Lég. coufique circ. : « frappé dans la ville de Messine l'an. ... » Au centre, croix accostée des lettres I̅C̅·X̅C̅—NI·KA. — 2 p.   Or. T.B.

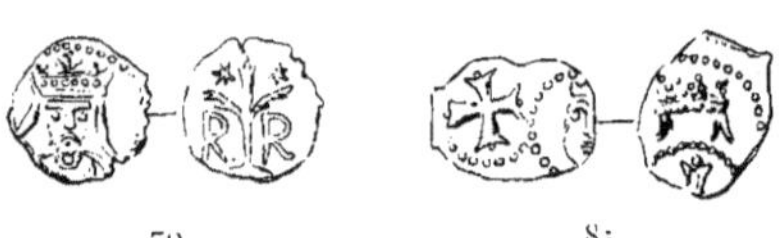

79   85

90. **Guillaume I et son fils Roger, duc de Pouille. Messine.** *Ducat.* **W·R·— R·DVX·FILIVS·EIVS.** Le roi et le duc soutenant une croix. ℞. **I̅C̅—X̅C̅.** Buste du Sauveur.
Pièce concave.   R. Æ. T.B.

91. **Guillaume Ier.** *Follis.* **M̅P̅—Θ̅Y̅.** La Vierge et l'Enfant. ℞. Lég. coufique circ. : « frappé à Messine l'an 550 » (1155). Au centre, **REX / W.** — 2 p.   Æ. T.B.

92. — **Salerne.** *Follis.* **·W· / ·R·.** ℞. Palmier. — 2 p.   RR. Æ. T.B.

93.   —   ···   **W / ₒ°ₒ / R.** ℞. Croix ornée au centre d'un losange et accostée de quatre étoiles.   RR. Æ. B.

94. ·· — — L'Agneau pascal. ℞. L'inscr. **W REX DVX PN** dans les angles d'une croix.   R. Æ. B.

95. — — — **·W· / R.** ℞. Croix ornée dans un losange.   R. Æ. B.

96. — — — **G·R.** Palmier. ℞. Ornement floral. — 2 p.   RR. Æ. B.

97. — — — **V·V·R·Є** dans les angles d'une croix. ℞. L'Archange Michel.   RR. Æ. B.

98. — — — Tête de loup à g. R⁄. 𝕲·R.   RR. Æ. B.

99. — — — GVI·R. R⁄. Palmier.   RR. Æ. B.

100. — **Naples.** *Follis.* Tête de cheval à g. R⁄. RG.   RRR. Æ. T.B.

101. — **Gaëte.** *Ramasina.* W.DEI.GRA.REX. Croix dans un cercle.
R⁄. CIVITAS GAIETA. Château.   RR. Æ. A.B.

102. **Guillaume II. Palerme.** *Apuliensis.* Au centre W·R entre deux astres.
Au pourtour, + SICIL'·DVCAT' APVL' PRINC CAP. R⁄. + APVLIENSIS. Pal-
mier et deux astres. *Voyez pl. I, n° 16.*
Pièce concave.   RR. Æ. T.B.

103. — *1/3 de ducat.* Palmier accosté des lettres W·R. R⁄. + TERCI' APV-
LIENSIS. Au centre, inscr. coufique : « *Le roi Guillaume second.* » — 3 p. Æ. T.B.

104. — *1/12 de ducat.* Lég. coufique circ. : « frappé dans la ville de Sicile
(Palerme) avec la grâce de Dieu. » Au centre, une croix. R⁄. ꟼVAITA TERCENARII.
— 4 p.   Æ. (billon). T.B.

105. — *Ramasina.* Tête de lion. R⁄. Palmier. — 6 p.   Æ. T.B.

106. — *Follis.* Mufle de lion. R⁄. Lég. coufique : « *Le roi Guillaume second.* »
                                                      Æ. T.B.

107. **Salerne.** *Double follis.* W·REX·II. R⁄. SAL. Fortifications de Salerne.
                                                      RRR. Æ. T.B.

108. **Tancrède. Messine.** *Tari.* Lég. coufique circ. 1ᵉʳ cercle : « Frappé dans la
ville de Messine l'an... » — 2ᵉ cercle : « Le roi Tancrède Auguste, victorieux par la
grâce de Dieu. » R⁄. Lég. coufique circ. : « frappé dans la ville de Messine... »
Au centre, croix et I̅C̅·X̅C̅—NI·KA. — 2 p.   RR. Or. T.B.

109. — **Palerme.** *1/2 apuliensis.* + DEXTERA DNI EXALTAVIT ME. Au
centre, TACD'·REX·SICIL'. R⁄. Lég. coufique : « *frappé dans la ville de Sicile par
ordre du roi Tancrède, redouté, que Dieu fasse durer longtemps son règne.* »
                                                      RR. Æ. (billon). B.

110. — **Salerne.** *Follis.* $\frac{TA}{R}$. R⁄. Fortifications de Salerne.   RR. Æ. B.

111. — — $\frac{TAC}{RX}$. R⁄. R et étoile. — 2 p.   R. Æ. B.

111 *bis*. — **Tancrède et son fils Roger. Palerme.** *Follis*. Lég. coufique : « *Le roi Tancrède*. » ℞. **ROCERIVS**. Au centre, **REX**. — 2 p.   Æ. T.B.

LA MAISON DE SOUABE

112. **Henri VI et Constance. Gaëte.** *Ramasina*. ✠ **IMP ITAL'** (**MAIESTA**). Buste de l'empereur. ℞. **MVN·CIVIT·CAIETA**. Buste de l'impératrice.
RRR. Æ. A.B.

113. **Gaëte sous la protection papale.** + **SCS·ERASMVS**. Croix ornée de globules. ℞. **CIVITAS ĠAIETA**. Château.   RR. Æ. B.

114. **Henri VI et Constance. Brindes.** *Denier*. + **E·IMPERATOR**. Croix. ℞ **C·IMPERATRIX**. Aigle. — 4 p.   Billon. B.

115. — *Denier* (*apuliensis*). **HE·IMPERATOR**. Croix et deux étoiles. ℞. **C·IMPERATRIX**. Au centre, **A·P**. — 7 p.   Billon. B.

116. **Frédéric II. Brindes.** 2 *Tari*. Contrefaçon de lég. coufique autour de deux cercles concentriques qui renferment une rosace de globules. ℞. Croix et **IC̅—X̅C̅·NI—KA**.   1 gr. 50. Or. T.B.

117. — *3 tari*. Contrefaçon de lég. coufique. Au centre, aigle éployé et couronné, la tête à g. ℞. Croix et **IC̅+X̅C̅—NI·KA**.   2 gr. 20. R. Or. T.B.

118.   *3 tari*. Aigle éployé et couronné, la tête à dr. ℞. Croix et **IC̅ · X̅C̅—NI·KA**.   2 gr. 40. R. Or. B.

119. — *Augustale* + **FRIDERICVS**. Aigle éployé à g., la tête tournée à dr. ℞. o**CESAR AVG** o **IMP ROM**. Buste lauré de Frédéric II à dr. Coin de Pagano Balduini. *Voyez pl. I, n° 14*.   Or. T.B.

120. — Autre exemplaire.   Or. T.B.

121. **Frédéric II roi et Constance sa femme.** *Denier de 1209*. **FREDERIC RE·X**. Aigle éployé et couronné dans le champ, deux croissants. ℞. +**C RE GI NA**. Croix ornée qui coupe la légende, accostée de quatre croissants.
RR. Billon. F.D.C.

122. — Autre exemplaire.   RR. Bill. T.B.

123. **Frédéric II empereur.** *Maille de 1225.* Au centre **F**; au pourtour, **+ IMPERATOR**. ℞. **·R· SI CI LI**. Croix qui coupe la légende.
Voyez pl. I, n° 19. RRR. Inédite. Bill. T. B.

124. — *Denier de 1231.* **F· IMPERATOR·** Croix et deux globules. ℞. **R· IERSL' ET SICIL'**. Au centre o𝕏o. Bill. T. B.

125. — *Denier de 1239.* **F· | IM | PER | ATO | R**. Croix qui coupe la légende. ℞. **R·I | ER' ET·S | ICL'**. Tête couronnée au centre d'une croix qui coupe la légende. — 3 p. Bill. T. B.

126. — *Denier de 1242.* — ✠ **ROM | PR SEP AVG·** Tête à dr. ℞. **+ R· IERSL'·ET·SICL·** Aigle. — 2 p. Bill. T. B.

127. — *Denier* **+ F· ROM·IPR· SEP AVG·** Aigle. ℞. **+ R· IERSL'·ET· SICIL'**. Croix. — 3 p. Bill. T. B.

128. — *Denier de 1248.* Au centre, **F·R̂** ; au pourtour, **+ ROM·IMPERATOR**. ℞. **+IERSL'·ET·SICIL'** R. Croix et deux étoiles. — 2 p. Bill. T. B.

129. — *Denier de 1248.* Au centre **F̄R̄** ; au pourtour, **+ ROM·IMPERATOR**. ℞. **R·IERSL'·ET SICIL**. Croix et cercle. — 2 p. Bill. T. B.

130. — *Denier de 1249.* ✠ **F· ROMANORVM**. Au centre **IP̂R**. ℞. **+ IERSL'· ET·SICIL'·R·** Croix et quatre croissants. Bill. T. B.

131. — *Denier de 1250.* Au centre *** F ***; au pourtour, **+ ROM IMPERATOR·** ℞. **+ R·IERSL'·ET·SICIL'**. Croix et quatre étoiles. — 4 p. Bill. T. B.

132. **Conrad I** (1250-1253). *Denier* **+ CONRADVS**. Croix. ℞. **+ IERL'·ET· SICIL'**. Au centre ℞. — 3 p. Bill. B.

133. — *Denier.* Au centre **C̄·O** : au pourtour, **+ IERVSALEM**. ℞. **+ ET· SICIL'·REX.** — Croix. — 2 p. R. Bill. B.

134. **Conrad II** (1254-8). *Denier.* Au centre) **C̆** (; autour **+ SECVNDVS R·** ℞. **+IER·ET·SICIL'**. Croix et croissant. RR. Bill. T. B.

135. — **C·SECVNDVS**. Aigle. ℞. **+IER·ET·SICIL'·R·** Croix et globules. — 2 p. R. Bill. T. B.

136. — Au centre C̄V̄R ; au pourtour, **+ SECVNDVS·R**. ℞. **+ IERL'·ET·
SICIL'**. Croix. RR. Bill. T.B.

137. **Mainfroy**. ¼ *tari du monnayeur* **T·O**. Lég. **MAYNFRIDVS·R**. coupée et
hors du flan. Au centre, Aigle éployé. ℞. Croix et **ĪC̄·X̄C—NI—KA**. 3 gr. 20.
RR. Or. T.B.

138. — *Denier* **+ MAYNFRIDVS**. Au centre **AP**. ℞. **SICILIE REX**. Croix
radiée. — 3 p. RR. Bill. B.

139. — *Denier*. **MAYNFRIDVS**. Au centre **·Ā·** ℞. **SICILIE REX**. Croix et
4 étoiles. — 2 p. R. Bill. B.

140. — Au centre, **M** ; au pourtour, **+ AYNF ⁚ REX**. ℞. **SICILIE**. Croix
pattée ornée de globules. RR. Bill. T.B.

141. Au centre, **℧** ; au pourtour, **MAYNFRDIVS**. ℞. **REX·SICILIE**. Croix
ornée de globules. — 2 p. R. Bill. B.

142. — Au centre **℧** ; au pourtour **+ MAYNFR·R**. ℞. **SICILIE**. Croix ornée
de globules. RR. Bill. B.

143. — Au centre **M̆A** ; autour, **+ INFRIDVS REX**. ℞. **SI—CI—LI ·E +·**
Croix qui coupe la légende. RR. Bill. B.

144. — **+ MAYNFRIDVS**. Aigle. ℞. **+ REX·SICILIE**. Croix. Bill. B.

MAISON D'ANJOU

145. **Charles I d'Anjou. Barletta.** *Tari*. Au centre **·K·** ; au pourtour, **+ KAROL·
REX**. ℞. **SICIL'**. Écusson aux trois fleurs de lis chargés du lambel.
Voyez pl. I, nº 18. Or T.B.

146. — — **Brindes ou Messine.** *Quadruple denier* (1268-1276). Au centre, **·K̄·** ; au
pourtour, **+ DEI·GRA·REX·SICIL'**. ℞. **+ DVC—APVL'—PRIC—CAP**. Croix qui
coupe la légende, accostée de quatre fleurs de lis. *Voyez pl. I, nº 20.*
RRR. Bill. T.B.

147. — *Denier*. Mêmes types. Bill. B.

148. — *Quadruple denier*. **+ K·DEI·GRA·REX·SICIL'**. Croix fleurdelisée.
℞. **+ DVC·AP'·ET·PRIC·CAPE**. Écusson au lambel renfermant une fleur de lis et
accosté de deux fleurs de lis. *Voyez pl. I, nº 23.* RRR. Bill B.T.

149. — *Denier*. Mêmes types. Bill. B.

150. — *Double denier*. Au centre ₒKₒ ; au pourtour + DEI·GRACIA· REX· SICIL·. R⁄. + D· A· ET· PRICIPAT· C· Croix. RRR. Bill. T.B.

151. — *Triple denier*. Au centre K͡AR ; au pourtour, + DEI·GRA· REX· SICIL'. R⁄. DVC·APVL' ET·PRIC·CAP. Croix chargée du lambel et accostée, dans le bas, de deux fleurs de lis. *Voyez pl. I, n° 21.* RRR. Bill. T.B.

152. — *Denier*. Mêmes types. Bill. B.

153. — *Denier*. Au centre, K͡A͡R ; au pourtour, DEI·GRA·REX·SICILIE. R⁄. + DVCAT·APVL'·˙PRC PAT· CA. Croix ornée de globules et accostée de globules. RR. Bill. B.

154. — *Denier*. +K· DEI·GRA· REX· SICILIE. Au centre, un croissant surmonté d'une fleur de lis (Ordre du croissant). R⁄. DVC· APVL' ET· PRIC CAP. Croix fleurdelisée. RR. Bill. B.

155. — *Denier de l'an 1276*. Au centre K͡A͡R ; au pourtour, + DEI· GRA REX· SICIL' R⁄. + DVC· APVL' PRIC CAPE. Croix chargée du lambel et accostée de quatre fleurs de lis. Bill. B.

156. — *Denier de l'an 1278*. +K· DEI· GRA· REX· IERL'· SICIL. Croix de Jérusalem. R⁄. DVC· APL' ET PRꝆC· CAP. Écusson au lambel contenant trois fleurs de lis. — 2 p. RR. Bill. B.

157. — **Naples**. *Carlin ou salut d'or* (depuis août 1278). ✠ KAROL' DEI·GRA· IERL'Ɱ·SICILIE·REX. Écusson mi-parti aux armes de Jérusalem et de France ; au pourtour, les symboles du collier de l'ordre du croissant. R⁄. AVE·GRACIA· PLEꝆA·DOɱIꝆꞘS TECꞘɱ (Evang. de saint Luc, II, 23). L'Annonciation. Or. F.D.C.

158. — Autre exemplaire. Or. F.D.C.

159. — *Carlin d'argent* au type de l'Annonciation. — 2 p. Ⱥ. T.B.

160. **Charles II** (1285-1305). **Naples**. *Carlin d'or* semblable à celui de Charles Iᵉʳ mais avec l'inscription +KAROL' SCD·DEI·GRA·IERL'·SICIL·REX. R. Or F.D.C.

161. — *Carlin d'argent* au type de l'Annonciation. — 2 p. Ⱥ. T.B.

162. — *Gillat* + KAROL˙ SCD·DEI·GRA·IERL˙·ET·SICIL˙REX. Le roi assis. ℞. ḢODOR·REꝒIS·ILDICIL·DILIGIT. Croix fleurdelisée (1ʳᵉ émission, petites lettres). Æ. T.B.

163. — Mêmes types (2ᵉ émission). — 2 p. Æ. B.

164. — *Reale* + KAROL˙ : SCD' : REX. Buste de face. ℞. + IERL˙ : ET : SICIL˙ : Croix fleurdelisée. — 3 p. R. Bill. B.

165. — *Gherardino* + KAROL'·SCD˙REX, 4 fleurs de lis et lambel. ℞. + IERL· ET·SICIL˙. Croix. — 3 p. Bill. B.

166. **Robert d'Anjou** (1309-1321). *Gillat de Naples.* Æ. B.

167. — *Gillat de Provence.* Æ. B.

168. — Gillat posthume frappé sous Charles III de Duras (large module et grandes lettres). — 3 p. prov. d'une trouvaille. Æ. F.D.C.

169. — Contrefaçon posthume frappée dans l'Orient latin. Lég. ✕✕ RORERT DEI GRERERI ET SIC ROI. RR. Æ. T.B.

170. — Contrefaçon posthume frappée à Rome sous le pape Martin V (sigle du monnayeur, un fouet). *Voyez pl. II, nº 1.* RRR. Æ. T.B.

171. — *Denier (parvulo).* — 2 p. Bill. B.

171 *bis.* **Jeanne Iʳᵉ et André de Hongrie** (1343-45). *Denier* (parvulo ou picciolo) ✠ IOḢADDA·DEI GRATIA. Lambel et 7 fleurs de lis. ℞. ✠ IERLE ET SICILE REꝒID. Croix pattée accostée de quatre fleurs de lis. — 3 p. RR. Bill. B.

172. **Jeanne Iʳᵉ seule.** *Denier (parvulo).* ✠ IOḢADDA DEI GRATIA. Écusson à losange (veuvage) chargé du lambel et de quatre fleurs de lis. ℞. IERL˙ ET· SICIL˙ REꝒIDA. Écusson à losange chargé d'une croix florencée accostée de globules. — 2 p. RRR. Bill. T.B.

173. **Jeanne et Louis de Tarente.** *Denier.* ✠ LVDOVIC·Z·IOḢA·DEI· ꝒRA. Armes de Jérusalem et d'Anjou. ℞. ✠ REXZ REꝒID·IERL·Z·SICIL'. Croix pattée, accostée de quatre fleurs de lis. — 8 p. prov. d'une trouvaille. Bill. T.B.

174. **Louis d'Anjou** (1382-1384). Aquila. *Bolognino.* + LVDOVICVS·REX. Au centre, les lettres A·Q·L·A. ℞. S·PETRVS·GFES. Buste de saint Pierre. — 2 p. Æ. B.

MAISON DE DURAS

175. Charles III de Duras (1381-1386). **Sulmona.** *Bolognino* ✠ ❊ R· KROLVS ❊ ⳁ ❊. Au centre ❊S❊ℳ❊P❊Ⴚ. ℞. ❊S·PЄⳁRVS❊P. Buste de saint Pierre Célestin. — 2 p.   R. Ⱥ. B.

176. — **Naples.** *Denier.* + KⱭROL'·TERCIVS·DEI·GRⱭ. Couronne. ℞. IERL' ЄT SICILIЄ RЄX. Croix de Jérusalem. — 2 p.   RRR. Bill. B.

177. — *Denier.* Au centre °K° couronné; au pourtour, ⱭROLVS TERCIVS REX. ℞. + IЄRVSⱭL' ЄT SICILIЄ. Croix pattée. *Voyez la gravure.*   RRR. Bill. A.B.

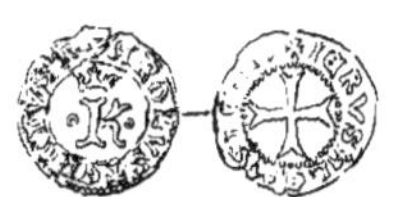

178. Ladislas (1386-1414). **Aquila.** *Bolognino.*   Ⱥ. A.B.

179. — **Guardiagrele.** *Bolognino.* — 2 p.   Ⱥ. B.

180. — **Naples.** *Denier* (*parvulo*). + LADISLAVS·D ou LADISLAVS·DEI·GRA. Quatre fleurs de lis et lambel. ℞. bVGⱭRIЄ·IERL'·Є S. Croix pattée. — 4 p.   Bill. B.

181. Jeanne II. Aquila. *Bolognino.*   Ⱥ. A.B.

182. — *Cella.* ✠ IVbⱭRDⱭ ⸿ REꞬIⱤ ⸿ . Aigle éployé et couronné. ℞. S·PЄⳁRVS·C. Pontife assis.   Ⱥ. T.B.

183. — ❊REꞬIⱤⱭ❊IVbⱭⱤⱤⱭ❊. Aigle éployé et couronné. ℞. S·PЄ-ⳁRVS·C. Le saint pape Célestin V assis de face. — 4 p.   Ⱥ. T.B.

184. — **Naples.** *Denier* (*parvulo*). ✠ IbOⱭⱤ REꞬIⱤ·S·DEI·G. Au centre, Y couronné. ℞. ✠ bVꞬⱭRIЄ IЄRL'·Є·SIC. Croix pommée. — 3 p.   RR. Bill. T.B.

MAISON DE LORRAINE

185. René d'Anjou. Aquila. *Gillat.* ❊°REⱤATVS ❊ DEI ❊ GRE ❊ IRVLE ❊ SIC ❊ R° Le roi assis de face, tenant un petit aigle éployé. ℞. ✠ HONOR· REꞬIS·IVDICIV·DILIGIT (mélange de lettres gothiques et latines). Croix florencée et feuillée. *Voyez pl. III, n° 3.*   RRR. Ⱥ. F.D.C.
Superbe exemplaire.

186. **Alphonse d'Aragon. Naples.** *Alfonsino d'oro* ou *1 1/2 ducat (sexquiducatus).*
+ DRS·M·ADIVT·ET·EGO·DESPICI·IRIMCO·M. Le roi à cheval, à dr.
R₵. + ALFOPSV·D·G·R·ARAGO·SICILI·CITR·VLTR. Armes : 1 et 4 Naples ;
2 et 3 Aragon. *Voyez pl. II, n° 4.* Or. T.B.
Coin du graveur milanais Paolo de Roma.

187. *Alfonsino d'argent* de l'an 1443. Æ. T.B.

188. Mêmes types de l'an 1452 avec le sigle **S** (François Sinier). — 5 p.
Æ. T.B.

189. *Reale* ou *pièce de 15 tornesi* de l'an 1436. Æ. T.B.

190. *Tornesello.* — 4 p. Bill. T.B.

191. **Alphonse d'Aragon et Louis de' Camponischis, comte de Montorio. Aquila.** *Cella* (1442-43). REX ✶ AL—PO^SBS. Aigle couronné ; au-dessous,
l'arme des Camponischis : une montagne à cinq pointes. R₵. ✶ S ✶ PETRVS ✶ C.
Saint Pontife assis. *Voyez pl. II, n° 2.* RRR. Æ. T.B.

192. *Reale* (1443). + ⁛ ALFORSBS ⁛ D (arme des Camponischis)
GRACIA REX. Buste du roi de face. R₵. + CICILIE ⁛ CITRA ⁛ ET ⁛
VLTRA⁛ Armes : 1 et 4 Naples ; 2 et 3 Aragon. RR. Æ. A.B.

193. **Ferdinand Ier d'Aragon** (1458-1494). *Ducat de 1488-89 par Gian-Carlo
Tramontano.* Or. T.B.

194. *Carlin* de l'an 1458 ; sigle **A** ou **M** (Antonio Miraballis).

195. *Carlin* du sacre ou *Coronato* (1459) avec le sigle **M** (Salvatore Miraballis). — 3 p. Æ. T.B.

196. *Carlin* de l'an 1460 ; sigle **B** (Benedetto de Cotrullo raguseo).

197. *Tarì de l'an 1465 par Miraballis et le graveur Girolamo Liparolo.*
+ FERDINANDVS·D·G·R·S·I·V. Écusson couronné aux armes : 1 et 4, Naples ;
2 et 3, Aragon. R₵. + RECORDATVS·MISERICORDIE·SVE. Buste couronné
du jeune roi, à dr. ; derrière, **M**. *Voyez pl. II, n° 6.* RRR. Æ. B. (troué).
C'est la première monnaie à portrait.

198. *Tarì.* Mêmes types. Æ. B.

199. *Coronato* de 1472 au portrait, gravé par Girolamo Liparolo. 2 p.
Æ. B.

200. — *Coronato* au portrait avec le sigle **A**. — 3 p. Æ. B.

201. — *Coronato dell' Angelo* de l'an 1488 avec les initiales de Gian-Carlo Tramontano. — 4 p. Æ. T.B.

202. — *Coronato dell' Angelo* de l'an 1491 avec le portrait de Ferdinand d'après un dessin de Guido Mazzoni de Modène. — 2 p. Æ. T.B.

203. — *Coronato dell' Angelo.* ◇ FERRANDVS : ARAGO : REX : SI : HIER. Son buste à dr. ℟. IVSTA TVENDA. L'archange avec le bouclier à l'arme de Cosenza, transperçant de sa lance un dragon à tête humaine. *Voyez pl. II, n° 7.* RRR. Æ. T.B.

Le portrait du roi est d'après un dessin de Guido Mazzoni ; on a proposé de voir dans la tête humaine grimaçante du dragon le portrait du duc de Sessa.

204. — *Armellino de 1488-1490.* — 4 p. Æ. T.B.

205. — *Cinquina* de l'an 1459 avec le sigle **C** (Cotrullo). Æ. B.

206. — *Picciolo.* — 3 p. Bill. T.B.

207. — *Cavallo* de l'an 1472. — 2 p. R. Æ. T.B.

208. — *Cavallo* de l'an 1472 par Combrario avec le sigle **C**. — 2 p. Æ. T.B.

209. — *Cavallo* de l'an 1472 par Leonardo de Cambrario avec le sigle **L**. 5 p. Æ. T.B.

210. — *Cavallo* avec le sigle **A**. — 4 p. Æ. T.B.

211. — *Quadruple cavallo* de l'an 1475 avec le sigle de Nicolò Spinello. RRR. Æ. T.B.

212. — *Cavallo* avec le même sigle **S**. R. Æ. T.B.

213. — *Cavallo* avec un flambeau entre deux **R** adossés. — 3 p. Æ. T.B.

214. — *Cavallo* avec le sigle de Gian-Carlo Tramontano, comte de Matera. — 5 p. Æ. B.

215. — **Aquila.** *Coronato au portrait et à la croix* de l'an 1472. — 2 p. Æ. T.B.

216. — *Coronato dell' Angelo* avec le sigle de Gian-Carlo Tramontino, comte de Matera. — 4 p. Æ. F.D.C.

217. — *Cavalli* de Jacopo da Cotrullo et de Léonard de Cagnano. — 10 p.
Æ. T.B.

218. — *Cavalli* de Gian-Carlo Tramontano. — 12 p.   Æ. T.B.

219. — **Brindes.** *Cavallo.* **FERRANDVS REX**. Sa tête à dr. ℞. **EQVITAS·REGNI**. Cheval sans bride à dr.; devant, une colonne couronnée (armes de Brindes); à l'ex., **✳T✳**. — 2 p.   RR. Æ. B.

220. — **Capoue.** *Cavallo.* **FERDINANDVS·REX**. Sa tête à dr. ℞. **EQVITAS·REGNI**. Cheval à dr., posant le sabot sur le monogr. **CA**.   RR. Æ. T.B.

221. 1ʳᵉ **guerre des Barons. Civitaducale** (par concession de Ferdinand, 1460). *Double bolognino* · (château)·**DE ː CIVITA···CALI**. Croix. ℞. **···ANNVS·✳ᵒ** Le saint debout. *Voyez pl. II, nᵒ 5.*   Æ. T.B.

De la plus insigne rareté (manque un morceau).

222. 2ᵉ **guerre des Barons. Aquila sous le protectorat d'Innocent VIII.** *Cavallo.* **INNOCNTIVS·PP·VIII**. Clefs et tiare. ℞. ✳ **AQVILANA** ✳ **LIBERTAS** ✳ Aigle couronné. — 7 p.   Æ. T.B.

223. **Alpnonse II** (1494-1495). *Coronato.* — 2 p.   Æ. F D.C.

224. **Ferdinand II** (1495). *Carlino dell' Angelo.* **+ FERDINANDVS ː II ː G ː RX ː S ː I ː V**. Son buste à dr. ℞. ᵒ **IVSTA ːː T—VENDA** ᵒ. L'archange Michel debout de face, terrassant le dragon. *Voyez pl. II, nᵒ 9.*   RRR. Æ. B.

225. — *Cinquina* par Gian-Carlo Tramontano.   R. Æ. T.B.

OCCUPATION FRANÇAISE (1495)

226. **Charles VIII. Aquila.** *Cavallo.* Lazari, pl. III, 23, et variété avec **KROLVS** au lieu de **CAROLVS**. — 6 p.   Æ. T.B.

227. — Lazari, III, 24. — 6 p.   Æ. T.B.

228. — Lazari, III, 25.   Æ. B.

229. — **Chieti.** *Cavallo.* Lazari, IV, 32 et 33. — 5 p.   Æ. T.B.

230. — Variété avec une croix florencée.   Æ. T.B.

231. — **Naples.** *Cavallo.* — 2 p.   Æ. B.

232. **Ortona.** *Cavallo.* KROLVS : D : G : R·EX·F. Écusson aux fleurs de lis.
℞. ⸭FIDELIS⸭ORTONA. Croix florencée. Var. de Lazari, V, 43.

RR. Æ. F.D.C.

233. — **Sulmona.** *Cavallo.* Lazari, VI, 52, 53 et 54. — 7 p. Æ. T.B.

234. **Sora** (Charles VIII et Pierre-Jean-Paul Cantelmi, duc de Sora). *Cavallo.*
: KROLVS·D·G·R·FR·SI·IE. Dans le champ, trois fleurs de lis et couronne.
℞. : PE·I·PA·CAN·SO·ALB·DVX. Croix. — 2 p. R. Æ. B.

235. — CAROLVS·REX·FR. Écusson aux armes de France. ℞. PE·I·PA·
CA·SO·AL·DVX. Croix. — 2 p. R. Æ. B.

RESTAURATION DES ARAGONAIS

236. **Frédéric d'Aragon** (1496-1501). *Carlin à la devise du livre* (1496) *par
Liparolo.* + FEDERICVS°. DEI ⸰ G ⸰ R ⸰ SIC ⸰ HIER. Buste à dr.; derrière, T.
℞. + RECEDANT ⸰ IVVETERA. Livre en flammes. Ⱥ. T.B.

237. — *Carlin* de 1497, par Bernardino de Bove. Mêmes types. Au Dr., la
lég. FEDERICVS ⸰ DEI ⸰ G ⸰ REX ⸰ SI ⸰ HIERV entre deux cercles de grènetis.

R. Ⱥ. T.B.

238. — *1/2 carlin ou grossone da 5* (1501). + FEDERICVS·DEI·G·R·SI·HI.
Écu échancré écartelé aux 1 et 4 quart d'Aragon et aux 2 et 3 de Naples.
℞. DNS·M·AIVT·ET·EGO·D·I·M. Le roi assis de face; à g., T. *Voyez pl. II, n° 8.*

RR. Ⱥ. B.

Cette rare monnaie fut frappée peu avant l'occupation du royaume par Louis XII.

239. — *Sestino ou double cavallo.* — 5 p. — *Cavallo.* Æ. T.B.

240. — *Quadruple cavallo* (1500) à la légende VICTORIE FRVCTVS. —
2 p. Æ. B.

NOUVELLE OCCUPATION FRANÇAISE (1502)

241. **Louis XII, roi de France** (1502). *Carlin par Giovanni Acciopaccia.
Voyez pl. II, n° 10.* Ⱥ. T.B.

242. — Autre exemplaire. Ⱥ. B.

243. — *Cavalli* frappés à Naples et à Aquila. — 7 p. Æ. T.B.

SICILE

MAISON D'ARAGON

244. **Pierre d'Aragon et Constance.** *Aquila* ou *tarì*. — 2 p.   Æ. T.B.

245. **Jacques d'Aragon.** *Aquila.*   Æ. T.B.

246. **Frédéric II.** *Aquila* aux sigles **G·℧** et **A—A**.   Æ. T.B.

247. **Pierre II.** *Aquila.*   R. Æ. B.

248. **Louis II.** *Aquila.*   R. Æ. T.B.

249. **Marie et Martin.** *Denier.*   RR. Bill. B.

250. **Martin seul.** *Deniers.* —- 4 p.   Bill. B.

251. **Ferdinand I.** *Aquila* et *denier.*   R. Æ. B.

252. **Alphonse I.** *Aquila.*   R. Æ. B.

253. **Jean I.** *Deniers.* —- 4 p.   Bill. B.

254. **Tessère. ✠ AGRAN MERCI ׃ A·MICCINA.** Armes de Messine et sigles **M—C**. ℞. **REGIS SICIAIE ׃ M ׃ R**. Écu couronné aux armes d'Aragon-Sicile.
     RR. Æ. B.

DOMINATION ESPAGNOLE

255. — *Carlin aux deux portraits* (1503). avec le sigle de Gian-Carlo Tramontano. **✠ FERNANDVS ◦ ET ◦ HELIZABET·DEI ׃ G ׃**. Buste à dr. ; derrière, **T**.
℞. **✠ REGES·ISPANIE ◦ ET·VTRIVSQVE ◦ SI**. Buste de la reine, à g.
     RR. Æ. T.B.

256. **Ferdinand le Catholique et Isabelle** (1503-1504). *Carlin au portrait* par Agostino de Augusto, avec le sigle de Marcello Gazzella. — 3 p.
     R. Æ. T.B.

257. **Ferdinand seul.** *Cavallo* à la devise du joug : **TANTO MONTA**. — 3 p.
     R. Æ. T.B.

258. — *Sestino* aux lég. **IVSTVS REX—LETICIA POPVLI**. — 4 p.
     Æ. T.B.

259. **Messine.** *Aquila* aux sigles **M·C**. — 2 p. Æ. T.B.

260. — *Carlin* au buste; sigles **I—N**. — 2 p. RR. Æ. T.B.

261. — *Reali* d'Espagne. — 2 p. Æ. T.B.

262. **Jeanne la Folle et Charles d'Autriche. Naples.** *Sestino.* — 5 p. Æ. T.B.

263. **Charles V. Naples.** *Dobla* par Ennece. **CAROLVS·V·ROMA·IMP.** Buste à dr., *alla romana*; derrière, **IBR** (Jean-Baptiste Ravaschieri). ℞. **MAGNA·OPERA·DOMI.** La Paix mettant le feu à des livres. *Voyez pl. II, n° 12.* R. Or. T.B.

264. — *Écu d'or* de 1538. R. Or. T.B.

265. — *Écu obsidional* de l'an 1528 (aigle à deux têtes). **R·ARAGO· VTRIVSQ·SI·ET.** Armoiries. ℞. ○⅜○ **ANNO DNI·MDXXVIII.** Au centre, **SCV— DO—R.** *Voyez pl. II, n° 13.* RRRR. Æ. B.

265ᵇⁱˢ. — *Carlins* au buste de l'an 1519 avec le sigle de Gazzella. — 2 p. R. Æ. T.B.

266. — *Carlins* au buste de l'an 1533 avec le sigle de Ludovic Ram. — 2 p. Æ. B.

267. — *Tari* et *Carlins* de l'an 1542 par Domenico della Musica, avec le sigle de Louis de Ram, comte de Sant Agata. — 6 p. Æ. B.

268. — *Tari* avec le sigle de Louis Ram. — 3 p. Æ. B.

269. — *1/2 ducat* de l'an 1551 avec le sigle de Giambattista Ravaschieri. — 2 p. R. Æ. T.B.

270. — *Tari* des années 1549 et 1552 au buste lauré et avec le sigle **IBR**. — 5 p. Æ. T.B.

271. — *Tari* de l'an 1552 à la tête laurée et au sigle **IBR**. — 9 p. Æ. T.B.

272. — *Tari* au buste et à la légende **R·ARAGO·VTRIVS·S**. R. Æ. T.B.

273. — *Carlin* par Ennece. **CAROLVS·ROMA·IMPER·—A.** Tête laurée à dr.; devant le cou, un chérubin. ℞. **R·ARAGO·VTRIVS·SICILIA.** La Toison. RR. Æ. F.D.C.

274. - *Carlin et 1 2 carlin* de 1547. — 2 p. R. Æ . B.

275. — *Cinquine* de 1543. — 5 p. Æ . T.B.

276. *3 cavalli* de l'an 1529 à la lég. **PAX·REGVM** (Paix de Cambrai). —
4 p. Æ. T.B.

277. *3 cavalli* de 1547 à la croix et *2 cavalli* à la couronne et *cavallo*
avec la devise des colonnes. — 20 p. Æ . T.B.

278. — *5 grana* de 1531. **CAROLVS·IMPERA**. Écu à losange aux armes
d'Aragon. ℞. **✠ D·G·REX·SICILIAE**. Aigle éployé et **B·N**. RR. Æ.B.

279. **Messine**. *4 tari* avec les sigles **M A** (1552) et **G M** (1555). — 2 p.
R. Æ. B.

280. — *3, 2 et 1 tari* avec les sigles **G·M** (1555). — 3 p. RR. Æ.B.

281. — *10 grana* avec le sigle **M·A** (1546-1554). Æ. B.

282. **Philippe II et Marie d'Angleterre. Naples**. *1 2 ducat aux armoiries
anglaises*. **PHLIP·R·ANG·FR·NEAP·PR ꞉ HISP**. Son buste couronné, à dr. ; derrière, le monogr. **IBR**. ℞. **POSVIMVS·DEVM·ADIVTOREM·NO**. Armes d'Espagne
et d'Angleterre. *Voyez pl. II, n° 14*. RRR. Æ. F.D.C.

283 — *Tari* de l'an 1554 au buste couronné, à g., avec les sigles **IBR**. —
2 p. variées. R. Æ.B.

284. - *Carlins* à la légende **FIDEI DEFENSOR**. — 3 p. R. Æ . T.B.

285. — *Tari* au buste sans couronne. — 3 p. Æ . B.

286. — *Carlins* par Ravaschieri, à la légende **FIDEI DEFENSOR**. — 2 p.

Æ . T.B.

287. — *Tari* avec le buste à dr. et avec les sigles de Gianbattista Ravaschieri
et de Vincenzo Porzio. R. Æ . T.B.

288. — *Ducat* de Ravaschieri à la légende **HILARITAS VNIVERSA**.
Voyez pl. II, n° 15. Æ . F.D.C.
Superbe exemplaire.

289. *1 2 ducat* à la légende **POPVLOR SECVRITATI**. — 2 p. Æ . T.B.

290. — *1 2 ducat* de 1555 à la légende **R·ARAGON·VTRI·SICIL·HIERVSAL**.
Æ . T.B.

291. — *1/2 ducat* par Germano Ravaschieri et Vincenzo Porzio.   Æ. B.
Falsification de l'époque.

292. — *Tari* à la couronne radiée par Germano Ravaschieri et Vincenzo
Porzio. *Voyez pl. III, n° 1.*   Æ. B.
Falsification de l'époque.

293. — *Tari* par Germano Ravaschieri. **PHILIPP·REX ARAG·VTRI·SICI.**
Tête radiée à dr. ; derrière, **GR.** ℞. **SICILIAE·HIERVS.** Armoiries. R. Æ. T.B.

294. — *Carlins* au buste radié par Germano Ravaschieri à la légende **FIDEI
DEFENSOR.** — 2 p.   Æ. T.B.

295. — *1/2 carlin* ou *Zanetta* par Germano Ravaschieri, à la devise de la
pierre à feu et deux mailles de la Toison d'or. — 6 p. variées.   Æ. B.

296. — *Tornese d'argent.* **PHILIP·REX·ARA·VTRI.** Tête radiée à g. ; derrière, **GR** et **V·P.** ℞. **SICILIAE·HIRVSA.** La Toison d'or.   RR. Æ. T.B.

297. — *Grano* de 1572-1573. **PHILIPP·REX·ARA·VTR.** Sa tête radiée à g. ;
au-dessous, **V·P.** ℞. **SICILIÆ HIERVS.** Pierre à feu. — 9 p.   RR. Æ. T.B.

298. — *Tornese* avec la tête radiée à dr. et au type de la corne d'abondance,
des années 1573, 75, 79, 81, 82, 85, 91, 93. — 2 p.   Æ. T.B.

299. — Mêmes types sans date, la tête à g.   RRR. Æ. B.

300. — *4 cavalli* par Germano Ravaschieri, au type de la croix de Jérusalem,
— 3 p.   Æ. B.

301. — **PHILIPP·REX·ARA·VT.** Buste radié à g. ; derrière, **GR** et **VP.**
℞. **+ IN HOC·SIGNO·VINCES.** Croix de Jérusalem.   RR. Æ. F.D.C.

302. — *3 cavalli* au type de la couronne par Giambattista Ravaschieri. —
8 p.   Æ. T.B.

303. — *3 cavalli.* Mêmes types avec la couronne radiée.   Æ. T.B.

304. — *3 cavalli* (de poids réduit) par Germano Ravaschieri, au type de la
couronne. — 7 p.   Æ. T.B.

305. — Épreuve du *cavallo* par Germ. Ravaschieri au type de la croix.
                    RR. Æ. T.B.

306. — *Cavallo* par Germ. Ravaschieri. — 7 p.   Æ. T.B.

307. — **Messine.** *3 tari* de 1556 aux sigles **Y·M.**   R. Æ. T.B.

308. — *4 et 3 tari* de l'an 1556 aux sigles **T·P.** — 2 p. Æ. B.

309. — *1/2 écu* de l'an 1563. Æ. B.
Très rare avec cette date.

310. **Philippe III. Naples.** *15 grana* de 1618 au type du château. — 2 p.
Æ. T. B.

311. — *1/2 carlino* et *15 grana.* — 2 p. Æ. T. B.

312. Épreuve du *Tornese* par Gianfrancesco Citarella, ⁎**PHILIPP·III·D·G·REX.**
Son buste radié à dr. ℞. **VNIVERSA CLARITAS.** Le Soleil. *Voyez pl. III, n° 3.*
RRR. Æ. T. B.

313. · *Tornese* de 1599, à la devise des tronçons enflammés. R. Æ. B.

314. — *Tornese* de 1611 à la devise de la pierre à feu. — 2 p. R. Æ. B.

315. — *Tornese* de 1617 aux types de l'autel et de la corne d'abondance. —
3 p. Æ. T. B.

316. — *3 cavalli.* **+ PHILIP·III·D·G·REX ARA.** Pierre à feu. ℞. **SICILIAE·
HIERVSA.** Couronne entre deux croix. R. Æ. B.

317. — Même lég. Pierre à feu. ℞. Croix de Jérusalem dans une couronne.
RR. Æ. T. B.

318. — Même avers. ℞. **+ PHILIPP·III·D·G·R·ARA·VT.** Corne d'abondance et 1607. RRR. T. B.

319. — Même avers. ℞. **+ SICILIAE·ET·HIERVS.** Croix pattée, cantonnée
de quatre globules. RR. Æ. T. B.

320. — **+ PHILIPP·III·D·G·R·ARA·VT.** Pierre à feu. ℞. Croix accostée de
flammes, dans une couronne. RRR. Æ. T. B.

321. — **Messine.** *Écu.* **PHILIPPVS·III·DEI·GRATIA.** Buste à dr. ℞. **SICI-
LIAE ET HIS REX·1611.** Écusson à losange cour. entre les lettres **D·C.**
Voyez pl. II, n° 16. RR. Æ. T. B.

322. — **Messine.** *3 tari* de 1618. Æ. T. B.

323. — **Philippe IV.** *Ducat d'or* de 1627 par Michel Cavo. R. Or B.

324. — *Carlins* de l'année 1620 et 1621. Sur ces pièces il y a par erreur
PHILIPP·III. — 4 p. Æ. T. B.

325. — *Tari* de 1622 par Biblia. — 3 p. Æ. B.

326. — *Carlin* de 1624 par Biblia aux deux cercles inscrits **G·IO** et **G·V.**
Æ. B.

Biblia imagina de graver ces deux cercles pour empêcher la rognure des pièces.

327. — *Carlins* de l'an 1634 et *15 grana* de 1647. — 3 p. Æ. T.B.

328 et 29. — *Publica* de 1622. — 2 p. Æ. T.B.

330. — *Tornese* de 1619, 1620 et 1621. — 2 p. Æ. T.B.

331. — *Publica* de 1626 et 1629 à la légende **FIDEI CATHOLICE CVLTOR.**
— 3 p. Æ. T.B.

332. — *Publica* de 1646 et 1647., *Tornese* de 1642-1647 et 1652 au type de
la toison d'or. — 7 p. Æ. B.

333. — *1/2 tornese* de 1626 au type de la pierre à feu. — 3 p. Æ. B.

334. — *1/2 tornese* de 1625, 1641 et 1656, à la légende **IN HOC SIGNO
VINCES.** — 7 p. Æ. B.

335. — *3 Cavalli* de 1625 au type de la couronne. — 3 p. Æ. B.

336. — *Cavallo* à la légende **EQVITAS REGNI.** — 2 p. Æ. B.

Sous la direction de Michele Cavo fut restitué le type de l'ancien *cavallo* de Ferdinand d'Aragon,
mais réduit au quart du poids.

337. **Henri de Guise (Masaniello).** *15 grana.* **HEN·DE·LOREN·DVX·
REIP·NEAP.** Au centre, écusson aux lettres **S·P·Q·N.** ℞. **S·I·REGE ET·PROT·
NOS·1648.** Buste de saint Janvier dans des nuages; à g., le chiffre 4; à dr.,
G·A·C—S (Giovanni Andrea Cavo)—**M**. Æ. B.

338. — La même pièce rognée. Æ. B.

339 — La même pièce avec les sigles **G·A·C—S.**

340. — *Publica del popolo.* Dans le champ, lettres d'émission **A·P·M·S** ou
symboles: pousse de laurier, vase, chien, etc. — 9 p. Æ. B.

341. — *Grano del popolo.* — 7 p. Æ. B.

342. — *Tornese del popolo.* — 2 p. RR. Æ. B.

343. — Contrefaçons de la *publica* et du *grano* de Philippe IV ou de Henri de
Guise faites à Gênes vers 1648. — 14 p. Æ. B.

344. **Carlo II. Naples.** *Ducat* et *1/2 ducat* de 1684. — 4 p. Æ. B.

345. — *Ducat et 1/2 ducat* de 1689. — 3 p. Æ. T.B.

346. — *Ducat de poids réduit* de 1693. — 2 p.   Æ. T.B.

347. — *1/2 ducat* de 1693 et 1694. — 2 p.   Æ. T.B.

348. — *Tari* de 1686 et 1687. — 5 p.   Æ. T.B.

349. — *Grana* 20 de 1689. — 2 p.   Æ. T.B.

350. — *Grana* 20 de 1692-95-99. — 5 p.   Æ. T.B.

351. — *Carlino* de 1684 et 1685. — 5 p.   Æ. T.B.

352. — *Carlino* de 1689 et 1690. — 3 p.   Æ. T.B.

353. — *8 grana* de 1689 à la légende **IN HOC SIGNO VINCES**. — 2 p.
    Æ. T.B.

354. — *Carlino* de 1691-93-94-99. — 5 p.   Æ. T.B.

355. — *Grano* frappé au marteau de 1678 et 1679. — 5 p.   Æ. B.

356. — *Grano* au balancier de 1680 et 1683. — 3 p.   Æ. B.

357. — *Tornese* au marteau de 1679. — 2 p.   Æ. B.

358. — *Tornèse* au balancier de 1680-81-82. — 4 p.   Æ. B.

359. — *3 cavalli* au marteau de 1679. — 2 p.   Æ. B.

360. — *3 cavalli* au balancier de 1680-83. — 2 p.   Æ. B.

361. — **Palerme.** *Tari* de l'an 1697 avec les sigles **R·C**.   RR. Æ. B.

362. — *Grano coulé* de l'an 1686 à la légende **VT COMMODIVS**. — 4 p.
    Æ. B.

363. — *Grano frappé* et *3 denari* 1698-99 et 1700. — 11 p.   Æ. B.

364. **Philippe V.** *1/2 ducat* de l'an 1702 gravé par Giovanni Montemeier sous la direction de Andrea Giovene. — 2 p.   Æ. T.B.

365. — *Tari* et *carlino*. — 3 p.   Æ. B.

365ᴬ. — *Carlino* à la légende **HILARITAS VNIVERSA**.

366. — *Grano* au buste de 1701. — 3 p.   Æ. B.

367. — *Médaille* de 1707. — 3 p.   Æ. et Æ. B.

368. — **Palerme.** *3 tari*, par Jean Ortodecio. *Voyez pl. III, n° 4.*
    RR. Æ. T.B.

369. — *2 tarì* de 1708, par Ortodecio. R . Æ . B .

370. — *Tari* de 1708, par Ortodecio. Buste à g. — 2 p . R . Æ . B .

371. — *Grano* et *3 deniers.* — 5 p . Æ . B .

372. **Victor Amédée.** *2 tarì.* **VICT·AMED·D·G·R.** Son buste à dr. ℞. **VTRIVS·SICIL.** Aigle avec les armoiries sur la poitrine. Dans le champ, les lettres **D·C.** *Voyez pl III, n° 2.* RR . Æ . T.B.

373. — *Grano* et *3 deniers.* — 14 p . Æ . T.B.

374. **Charles IV. d'Autriche.** *Ducat* de 1715, par Jean Montemeyer.
Æ . B .

375. — *1/2 ducat* de2 1715 et 1716. — 2 p . Æ . T.B.

376. — *Tarì* de 1715. — 3 p . Æ . F.D.C.

377. — *Carlin* de 1715 et 1716. — 4 p . Æ . F.D.C.

378. — *Tarin* de 1716 aux bustes de Charles VI et de l'impératrice Élisabeth et avec la légende **PROPAGO IMPERII.** — 2 p . Æ . T.B.

379. — *Carlin* aux mêmes types. — 2 p . Æ . B .

380. — *Ducatone da 120 gr.* de 1733, par Giov. Casimiro de Gennaro.
Æ . B .

381. — *1/2 ducat* de 1733. — 2 p . Æ . B .

382. — *Tarin* de 1730 par le graveur de Gennaro. Æ . F.D.C.

383. — *Carlin* de 1730. R . Æ . B .

384. — **Messine.** *Tarì.* **CAROLVS·III·D·G·HISP·ET.** Tête laurée à dr. ℞. **SIC·REX.** Aigle cour., les armes d'Autriche sur la poitrine. Dans le champ, 1721 et **F·N.** RRR . Æ . B .

385. — **Palerme.** *12 tarì* de l'an 1731. R . Æ . B .

386. — *6 tarì* de 1730. — 2 p . Æ . T.B.

387. — *4 tarì* de 1731. — 3 p . Æ . T.B.

388. — *3 tarì* de 1731. Æ . T.B.

389. — *2 tari* de 1730. Buste à g. R . Æ .B.

390. — *6 tarì* de 1732. — 2 p . Æ . B .

391. — *4, 3 et 2 tari* de 1732. — 3 p.   Æ. B.

392. — *Tari* de 1731 et 1733. — 3 p.   Æ. B.

393. — *10 grana* de 1733.   R. Æ. B·

394. — *5 grana*. **CAR·III·D·G**. Tête à dr. ℞. Couronne 1722 et 5 entre deux palmes. *Voyez pl. III, n° 5*.   RR. Æ. T.B.

395. ·· Tête laurée à dr. ℞. **CAR·SIC·REX**—1733 autour d'un **S**.
                                          RR. Æ. T.B.

396. ·— *2 grani* (monnaie obsidionale coulée). **CAROL VI·D·G·ROM·IMP**. Aigle cour. avec les armes d'Autriche sur la poitrine. ℞. Dans un écusson, **VT FACILIVS 1734**.   RRR. Æ. T.B.

397. — *Grano et 3 deniers*. — 6 p.   Æ. T.B.

398. **Charles III**. *4 ducats* par De Gennaro. **CAR·D·G·VTR·SIC ET HIER· REX**. Buste à dr. ; au-dessous, **De G**. ℞. **HISPAN·INFANS 1742**. Armoiries, et dans le champ, **D·4—M·M·R** (Maria Mazzara et Giov. Russo). *Voyez pl. III, n° 5*.
                                          R. Or. T.B.

399. — *2 ducats*.   R. Or. T.B.

400. — *Piastra* de 1735, par Jacques Hoger, à la légende **DE SOCIO PRINCEPS** et au type du Sébète assis sur le rivage du golfe de Naples.
                                          Æ. T.B.

401. — Autre de 1748, par De Gennaro.   Æ. B.

402. — *1/2 piastra* de 1734, par De Gennaro.   Æ. B.

403. — *Piastra et 1 2 piastra*, par De Gennaro pour la naissance du prince Philippe (1747). — 2 p.   Æ. B.

404. - *Piastra* de 1750, par De Gennaro.   Æ. F.D.C.

405. — *Piastra* de 1752, par De Gennaro.   Æ. F.D.C.

406. — *1/2 piastra* de 1750, par De Gennaro.   Æ. B.

407. — *Carlino* de 1755 et *10 grana* de 1755-56-58-59. — 10 p.
                                          Æ. T.B.

408. — *Publica da 18 cavalli* de 1757, par Ignazio Aveta. — 2 p.
                                          Æ. T.B.

409. ·· *Grano* de 1756. — 7 p.   Æ. T.B.

410. — *9 cavalli* de 1756. — 2 p.   Æ. T.B.

411. — *Tornese* de 1756. — 3 p.   Æ. T.B.

412. — *4 cavalli* de 1756 et 1757. — 5 p.   Æ. T.B.

413. — *3 cavalli* de 1756. — 3 p.   Æ. T.B.

414. — *Fenice.* **CAROL·BORBO·III·D·G·SICIL REX.** Tète à dr. ℞. **RESVRGIT—1735.** Le Phénix. *Voyez pl. III, n° 7.*   Or. T.B.

415. — **Palerme.** *12 tarì* de 1735 et *6 tarì* de 1735, *4 tarì* de 1736 et 38. — 4 p.   Æ. B.

416. — *3 tarì* et *2 tarì* de 1735. — 3 p.   Æ. B.

417. — *Tarì* de 1734 et 1735 et *10 grana* de 1739 et 1751. — 8 p.   Æ. B.

418. — *2 tarì* de 1735. **CAR·BOR·III·D·G.** Tète nue à dr.; au-dessous, **G·P.** ℞. **REX·SIC·ET·HIE.** Aigle et **F·N—1735.**   RR. Æ. F.D.C.

419. — *Tarì* de 1735. Mêmes types.   RR. Æ. A.B.

420. — *2 grani* de 1738. **CAR·D·G·SIC·REX.** Aigle et **F·N—I·H.** ℞. **VT COMMODISV** (*sic*) 1738.   RR. Æ. B.

421. — **Naples.** *Médaille de 2 ducats* pour être jetée au peuple à l'occasion de la naissance de Marie-Thérèse. **CAROL·III·D·G·HISPA·REX.** Son buste cuirassé à dr. ℞. **OB PRIMAM REG PROLEM GRATVLATIO MISSILIA POPVLO NEAPOL 1772.** *Voyez pl. III, n° 12.*   RRR. Or F.D.C.

422. **Ferdinand I**er. **Naples.** *6 ducats*, par De Gennaro. **FERDINAND·IV** (*sic*) **·D·G·SICILIAR·ET·HIER·REX.** Buste à dr.; dessous, **De ç.** ℞. **HISPANIAR· INFANS·1763.** Armoiries. **D·ɢ—C·C·—R·**   RR. Or. T.B.

423. — *4 ducats* de 1767. Mêmes types. *Voyez pl. III, n° 8.*   Or. B.

424. — *2 ducats* de 1762. Mêmes types. *Voyez pl. III, n° 11.*   Or. T.B.

425. — *6 ducats* de 1775, par Bernardo Perger. *Voyez pl. III, n° 9.*   Or. T.B.

426. — *4 ducats* de 1772, par Bernardo Perger. *Voyez pl. III, n° 10.*   Or. T.B.

427. — *2 ducats* de 1771, par Perger.   Or. B.

428. — *Piastra* de 1767, par Ferdinando Ardovasio. FERDINAND·IV·D·G· SICILIAR ET·HIER·REX. Son buste à dr.; au-dessous, F·A. ℞. HISPANIAR INFANS 1767. Armoiries et GR·120·-C·C·—R. *Voyez pl. III, n° 13.*

RR. Æ. F.D.C.

429. — Autre exemplaire.

Æ. B.

430. — Autre exemplaire de 1766.

Æ. B.

431. — *1/2 piastra* de 1760 par Ignazio Aveta.

RR. Æ. B.

432. — *Piastra* de 1772 par Bernardo Perger à la légende FECVNDITAS et aux deux bustes.

Æ. F.D.C.

433. — Autre exemplaire.

Æ. F.D.C.

434. — *Piastra* de 1784 et 1785, par B. Perger. — 2 p.

Æ. B.

435. — *Ducato et 1 2 ducat* de 1784 et 1785 au contour inscrit (PRO-PVGNACVLA FIRMA ADVERSVS FRAVDATORES), par B. Perger (une des pièces porte la signature PERGER en entier). — 4 p.

Æ. T.B.

436. — *Piastra* de 1787, par D. Perger.

Æ. T.B.

437. — *Patacca ou 1/2 piastra* de 1792, par Domenico Perger. — 2 p.

Æ. T.B.

438. — *Piastra* et *1/2 piastra* de 1793 et 1794. — 3 p.

Æ. T.B.

439. — *1/2 piastra* de 1798, par D. Perger.

Æ. T.B.

440. — *Piastra* de 1791 aux deux bustes et à la légende PRO FAVSTO PP REDITVVS, par D. Perger.

Æ. T.B.

441. — *Piastra* de 1791 aux deux bustes et à la légende SOLI REDVCI. — 3 p.

Æ. T.B.

442. — *Tari ou Jeton de mariage* au buste de Marie Carolina (1768). — 2 p.

Æ. T.B.

443. — *Carlin* ou *jeton de mariage* au buste de Marie Caroline. — 2 p.

Æ. T.B.

444. — *Tari* de 1788. — 2 p.

Æ. T.B.

445. — *Tari et carlin* de 1791, 1794, 1795, 1796 et 1798. — 13 p.

Æ. T.B.

446. — *Carlin*. Falsification de l'époque.   Æ. B.

447. — *Publica* de 1788.   R. Æ. B.

448. — *Publica* de 1790, 1791, 1792.   Æ. B.

449. — *Grano* de 1786.   R. Æ. B.

450. — *Grano* de 1788, par Perger.   R. Æ. T. B.

451. — *Grano* de 1790, 1791 et 1792, par Perger. — 5 p.   Æ. F. D. C.

452. — *Grano* de 1797 (essai par Perger). — 2 p.   Æ. F. D. C.

453. — *9 cavalli* de 1788 à 1792. — 10 p.   Æ. T. B.

453bis. — *Tornese* de 1788 à 1793. — 9 p.   Æ. T. B.

454. — *4 et 3 cavalli* de 1788. — 20 p.   Æ. T. B.

455. — *10 tornesi* de 1798. — 2 p.   Æ. F. D. C.

456. — *8 tornesi* de 1796 et 1797. — 5 p.   Æ. T. B.

457. — *4 tornesi* de 1799. — 2 p.   Æ. T. B

458. — *5 tornesi* de 1798. — 4 p.   Æ. B.

459. — *5 tornesi* de 1798 (essais de poids supérieur). — 3 p.   Æ. F. D. C.

460. **Reali Presidii à Orbetello.** *4, 2 et 1 deniers.* — 10 p.   R. Æ. T. B

461. **République de 1799.** *Piastra et 1 2 piastra.* — 3 p.   R. T. B.

462. — *6 et 4 tornesi.* — 6 p.   Æ. B.

463. **Ferdinand Ier.** *Piastra* de 1800, par Perger.   R. R. T. B.

464. — *Piastra* de 1805 sur le modèle des pièces de Georges III, roi d'Angleterre, proposé par Luigi Diotati. Sur la tranche, en grandes lettres : **PROVIDENTIA OPTIMI PRINCIPIS.** — 3 p.   R. Æ. F. D. C.

465. — Autre exemplaire. Sur la tranche, en petites lettres, et entre deux lignes de grènetis : **PROVIDENTIA OPTIMI PRINCIPIS.**   R. R. B.

166. **Réforme du cuivre**. *6 tornesi* de 1799, 1800, 1801 et 1803. — 6p.

Æ. T.B.

167. **Joseph Napoléon**. *Piastre* de 1807.   2 p.   Æ. T.B.

168.   ·· *Piastre* de 1808.   R. Æ. F.D.C.

169. **Murat**. *10 francs* de 1813.   Or. T.B.

170.   *20 francs*.   Or. T.B.

171.   ·· *Piastre* de 1809.   RR. Æ. T.B.

172. — *Piastre* de 1810 à la légende **GIOACCHINO NAPOLEONE**.

Æ. F.D.C.

173. *Piastre* de 1810 à la légende **GIOACCHINO·NAPOL**.   Æ. F.D.C.

174.   ·· *Piastre* de 1817 aux « grandes lettres ».   Æ. F.D.C.

175. — *5, 2, 1 et 1 2 lir* de 1813. — 9 p.   Æ. T.B.

176.   *Lira* de 1812.   R. Æ. T.B.

177.   *3 et 2 grana*. — 9 p.   Æ. B.

178. **Ferdinand I** (2 Restauration). *Piastre* de 1816.   R. Æ. T.B.

179. — *1 2 piastre et carlin* de 1816. — 2 p.   .R. B.

180.   *3 ducats* de 1818.   Or. F D.C.

181. — *Piastre, 1 2 piastre et carlin* de 1818. — 2 p.   Æ. T.B.

182.   *10 tornesi* de 1819. Pièce à l'état d'essai.   Æ. F.D.C.

183.   *8 tornesi* de 1816-1819. · 4 pièces à l'état d'essai.   Æ. F D.C.

184. — *10, 8, 5, 4 et 1 tornese*.   Æ. B.

185. **Sicile**. *12 tari* de 1794, 1796 et 1798.   3. p.   R. Æ. T.B.

186. — *6, 4, 2 et 1 tari et grana 10*.   12 p.   .R. B.

187.   *12 tari* de 1806 et 1810.   Æ. T.B.

188. — *10 grana* de 1801 au type de l'aigle.   R. Æ. B.

189.   ' *2 et 1 grana*.   Æ. T.B.

490. — *10, 5, 2 et 1 grana* à la tête radiée (1814 et 1815). — 12 p.
Æ. T.B.

491. **François Ier.** *Piastre et 1/2 piastre.* — 3 p.
Ӕ. T.B.

492. — *Tarin et carlin.* — 3 p.
Ӕ. B.

493. — *10, 5, 2 et 1 tornesi.* — 10 p.
Æ. T.B.

494. **Ferdinand II.** *3 ducats.*
Or. F.D.C.

495. — *Piastre* de 1859 et *1/2 piastre* de 1852.
Ӕ. F.D.C.

496. — *Piastre* de 1834 avec le collier de forçat au cou et le surnom **BOMBA**
gravé.
Ӕ. T.B.

497. — *Tarin, carlin et 5 grano.* — 14 p.
Ӕ. T.B. et F.D.C.

498. — *10, 5, 3, 2, 1 et 1/2 tornesi* à la tête imberbe (1831-39). La plupart
de ces pièces n'ont jamais été mises en circulation. — 25 p.
Æ. F.D.C.

499. — *10, 5, 3, 2, 1 et 1/2 tornesi* de 1839 à 1846. Un grand lot de pièces
à F.D.C.
Æ. T.B. et F.D.C.

500. **François II.** *Piastre et tarin* de 1859. — 3 p.
Ӕ. F.D.C.

501. — *10 et 2 tornesi.*
Æ. F.D.C.

MONNAIES DE L'ITALIE SEPTENTRIONALE ET CENTRALE

502. **Alessandria. Charles Emanuel III (Obsidionale de 1746).** *Da soldi 10.* Aigle. ℞. **BLOC ARCIS ALEX GVB MARCHIO DE CARALIO 1746.**
RR. Æ. B.

503. **Ancone. République et anonymes papales (XIII-XVᵉ siècle).** *Grosso-grossetto et sesini.* — 10 p.
Æ. et Bill. T.B.

504. — **Jules II** (*giulio*). **Jules III** (*giulio*). **Grégoire XII** (*testone et quattrino*). **Sixte V** (*bajocchella*). — 7 p.
Æ. et Bill. T.B.

505. ··· **Pie VI.** *Baiocchi 2 1/2 (1796) et Baioccho.* — 3 p.
Æ. T.B.

506. — **République.** *Baiocco.* Pièce obsidionale coulée de 1849. R. Æ. B.

507. **Antignate. Jean II Bentivoglio.** *Doppia.* **IOANNES BENTIVOLVS·II·BONONIENSIS.** Son buste à dr. ℞. **MAXIMILIAN IMPERA·MVNVS.** Aigle et armoiries.
RRRR. Or. F.D.C.

508. **Aquileia-Grégoire de Montelong** (*picciolo*). **Nicolò de Luxembourg** (*denier*). **Antoine Gaetani** (*denier*). **Louis II de Tech** (*denier*). — 4 p.
Æ. et Bill. T.B.

509. **Arezzo. République (XIVᵉ siècle).** *Grossetto, picciolo.* — 3 p.
Æ. et Bill. T.B.

510. **Ascoli. République (XIVᵉ siècle)** *grosso.* **Comtes de Carrara** (*picciolo*). **Anonymes papales** (*picciolo*). **Eugène IV** (*bolognino*). **Alexandre VI** (*quattrino*). — 6 p.
Æ. Bill. et Æ. B.

511. **Asti. Em. Philibert.** *Soldo.*
Bill. T.B.

512 **Bardi. Frédéric Landi.** *Scudo.* **D·FED·LAN·S·R·I·AC·VAL·I·TARI·PRIN·IV·ETC.** Son buste à dr. ℞. **S·FRANCIS·PROTECT·NOSTER·MDC·XXII—N-G.** S. François agenouillé recevant les stigmates.
RRRR. Æ. T.B.

513. **Belgioioso. Antonio da Barbiani.** *Scudo.* **ANTONIVS·I BARBIANI BELGIOɣOSII·ET·S·R·I·PRINCEPS.** Buste à dr. ℞. **COMES CVNII ET·LVGi·MARCH GRVMELLI·1769.** Armoiries.
Æ. T.B.

514. **Belmonte. Antonio Pignatelli.** *Médaille.*
Æ. T.B.

515. **Bergamo. République du XIVᵉ siècle au nom de l'empereur Frédéric.** *Grosso.* — 4 p.
Æ. T.B.

516. **Bologne. République du XIVe siècle (Bolognini) et anonymes à la légende BONONIA DOCET).** *Grossi.* — 5 p. Æ. T . B .

517. **Anonymes papales. Sixte V. Innocent XII. Clément X. Alexandre VIII.**

518. — **Pie VI** (*Scudo da p. 10*). **Sede Vacante 1823.** *1/2 scudo.* **Pie VII.** 20 bol. Bolognino de cuivre « alla rosa » etc. (1780). **Grégoire XVI, Napoléon,** etc.

519. — **Pie XI.** *20 Baiocchi* de 1850. **PIVS·IX·PONT·MAX·ANN·IV.** Son buste à g. R\. **20·BAIOCCHI·1850·B .** RR. Æ. T . B .

520. **Bozzolo. Scipion Gonzague.** *Quattrino* de 1667. R. Æ. B .

521. **Cagliari. Charles II d'Espagne** (*reale* et *3 cagliaresi*). **Charles Emmanuel III de Savoie. Vict. Amédée III.** 1 centime de 1842 (essai). — 10 p .
ÆR. et Æ. T . B .

522. **Camerino. J da Varano.** *Gros.* Curieuse pièce de style sommaire. **S·VENANTIO.** Le saint debout. R\. Un temple (trouée). Inédite. ÆR. B .

523. **Giov. Maria Varano** (*quattrino*). **Clément X** (*giulio*). — 2 p .
ÆR. et Æ. B .

524. **Carmagnola. Michel Antoine de Saluzzo** (*contrefaçon anc. du cavallotto, soldino*). **François** (*soldino*). **Gabriel** (*grosso* avec un **G** en contremarque).
— 4 p. ÆR. et Æ. B .

525. **Carpentrasso ou Ancone. Benoit XII.** *Picciolo.* RR. Bill. T . B .

526. **Casale. Guillaume I de Montferrat.** *Testone et essai en cuivre.* **Ferdinand I. Gonzague.** — 5 p . R. ÆR. et Æ. B .

527. **Castiglione delle Stiviere. Ferdinand Ier et Charles Gonzague** (*quattrini*).
R. Bill. B .

528. **Castro. Pier-Louis Farnese.** *Grosso, grossetto et quattrini.* — 7 p .
ÆR. et Bill. B .

529. **Civitavecchia. Pie VI.** *Madonnine et Sanpietrini* (une contrefaçon de l'époque). *2 baiocchi.* — 5 p. Æ. T . B .

530. **Corregio.** *Quattrino.* **CORRIGII·COMITES.** Ceinture. R\. **SANCTA REPARATA.** La Sainte assise à g., tenant les armoiries. RRR. Bill. T . B .

531. **Crémone. République** (XIVe siècle). *Gros et denier.* — 3 p .
ÆR. et Bill. T . B .

532. **Fano. Grégoire XIII** (*quattrini*). **Sixte V** (*bajocchella et quattrini*). —
6 p. Bill. T . B .

533. **Fermo**. **République** (xive siècle) (*sesino*). **François Sforza** (*bolognini*). **Eugène IV. Pont.** (*bolognino*). — 7 p.   Æ. et Bill. B.

534. — **Pie VI** (*madonnina, sanpietrino et* 1/2 *baiocco*). **République 1798-1799** (2, *1 et* 1/2 *baiocco*). — 13 p.   Æ. T.B.

535. **Ferrara**. **République**. **Nicolò d'Este** (*bolognino*). **Alphonse I** (*grossetto*). **Hercule II** (*grossetto et sesino*). **Alphonse II** (*paolo de* 1597 *et sesino à l'unicorne*). — 10 p.   Æ. et Bill. T.B.

536. — Lot de monnaies papales. — 24 p.   Æ. et Æ. B.

537. **Florence**. *Florin*. Distinctif : *griffon* rampant **AL**; bande traverse à trois champignons. — 2 p.   Or. T.B.

538. — *Florin*. Distinctif : montagne, bande traverse et couronne, **T**.   Or. T.B.

539. **République** (xive siècle). *Fiorino et guelfogrosso quattrini et picciolo.* — 10 p.   Æ. et Bill. B.

540. — Lot de monnaies ducales. — 54 p.   Æ. et Bill. B.

541. — **Cosme II**. *Picciolo*, par Mola. **C·M·F·S·D·II**. Armoiries. ℞. **S·IOAN-NES B**. Buste de saint Jean-Baptiste. Un véritable bijou de gravure.   RR. Bill. F.D.C.

542. **Foligno**. **Pie VI**. *Sanpietrino et 2 bajocchi.* — 3 p.   Æ. B.

543. **Gênes**. **République**. *1 2 grosso*. **Pietro Campofregoso**. *Grosso*. — 2 p.   R. Æ. T.B.

544. — **Doges anonymes** (xviie et xviiie siècles). **Royaume du Piémont.** — 16 p.   Æ. et Æ. B.

545. **Guastella** (*sesino*). — **Gubbio**. **Frédéric II da Montefeltro** (*bolognino*). **François-Marie de la Rovere** (*quattrini*). — 6 p.   Æ. et Bill. B.

546. — **Papales**. Intéressant lot de 46 pièces.   Æ. Bill. et Æ. T.B.

547. **Livourne**. **Come III**. *Tallero, 1 2 tallero et 1 4 di pezza.* **Ferdinand II**. *Pezza de* 1665. — 3 p.   Æ. B.

548. **Lucques**. *Deniers « Enriciani » et grossi et quattrini de la République* (xive xve siècles). — 8 p.   Æ. et Bill. B.

549. **République XVe-XVIIe siècles.** — 11 p.   Æ. et Bill. B.

550. — **Les Baciocchi.** — 3 p.   Æ. et Æ. B.

551. — **Les Bourbons.** — 15 p. Ⅿ. Bill. et Æ. B.

552. — **Macerata. République** (*sesino*). **Paul III** (*giulio*). **Grégoire XIII** (*quattrino*). **Pie VI.** *Bajocchi* 60 et 5. — 6 p. Ⅿ. Bill et Æ. B.

553. **Malte. Lot de monnaies des Grands Maitres.** — 14 p.
Ⅿ. et Æ. B.

554. — **J. Paul Lascaris.** Pièce de nécessité de 2 tarins en cuivre, portant trois contremarques : aigle à deux têtes, tête de saint Jean-Baptiste, fleur de lis couronné. RR. Æ. B.

555. — *Grano.* **+ MARZ—APRIL—MAG.** Plante fleurie. ℞. **S·IO·DEC.** La tête de saint Jean-Baptiste. RR. Æ. F.D.C.

556. **Mantoue. Évêques anonymes.** *Denier p.* — 2 p. Ⅿ. B.

557. — **François I Gonzague** (*quattrino*). **Louis III** (*gros*). **François II.** *Bagattino au portrait et quattrino.* R. Ⅿ. et Æ. B.

558. — **François II.** *Essai par Gian Marco Cavalli.* **FRANCISCVS MAR· MAN·IIII.** Buste à g. ℞. (*pyxide*). **D·PROBASTI·ME·ET·COGN·ME.** Creuset dans les flammes. De toute beauté. Æ. F.D.C.

559. — Lot de monnaies des Gonzague et de la maison d'Autriche. — 27 p. Ⅿ. Bill. et Æ. B.

560. **Marascona** (contrefaçon). — **Massa di Luniziana.** — **Merano.** — **Messe-rano.** — 7 p. Bill. et Æ. B.

561. — **Pertharit, roi des Longobards.** *Siliqua bracteate.* Ⅿ. T.B.

562. — **Bérenger.** *Denier.* **BERENGARIVS RE.** Croix. ℞. **XPISTIANA RELIO.** Temple. RR. Ⅿ. T.B.

563. — **Henri IV** (*denier*). **Henri VI** (*gros*). — 2 p. Ⅿ. T.B.

564. — Lot de monnaies des Visconti et des Sforza. — 18 p.
Ⅿ. et Bill. B.

565. **Galéas Marie Sforza** (*gros de 5 sols*). **Louis le More et Jean Galéas** (*testone*). **François II Sforza** (*semprevivo*). — 3 p. R. Ⅿ. T.B.

566. **Philippe IV.** *Doppia da 2 de l'an 1630.* R. Or. B.

567. — Lot de monnaies espagnoles, de la maison d'Autriche et napoléo-niennes. — 70 p. Ⅿ. Bill. et Æ. B.

568. — **République Cisalpine**. *Écu de 6 lire* et *Soldi 30*. **République de 1848.** *5 lire.* — 3 p. Æ . T . B.

569. — **Mirandola. Les Pico** (*quattrini*). — **Modène. République** (*gros*) et lot de monnaies de la famille d'Este. — 38 p. Æ. Bill. et Æ. B.

570. **César d'Este et Virginie des Medici.** *Giulio.* **CAESAR·DVX·MVTINAE· REG.** Armoiries. **R\.** **VIRGINIA·DVCISSA·MVTINAE.** Armoiries des Medici. RRR. Æ. B.

571. **Monaco. Les Grimaldi.** — **Montalto. Sixte V.** - · 4 p. Æ. et Bill. B.

572. **Musocco. Jean-Jacques Trivulzio.** *Gros de six sols et soldino.* — 2 p. Æ . T . B.

573. — **Novellara.** *Sesino.* Imitations des monnaies de Lucques. — 2 p. Bill. B.

574. **Novara. Pierre-Louis Farnèse.** *Grosso.* Rossi, 3182. RRR. Æ . T . B.

575. **Padoue. République** (*obole*). **Les da Carrara** (*carrarino*).

576. — **Palmanova.** *Obsidionale* 1814. **MONTA D'ASSE⁰ PALMA.** Couronne et 1814. **R\.** **NAPOLEONE IMPᵉ E RE—CENT 50.** Dans une couronne. RRR. Æ. saucé F . D . C.

577. **Parme. Clément VII.** *Giulio.* **CLEMENS·VII PONT·MAX.** Son buste à dr. **R\.** **DOMINVS PARMAE.** Armoiries. *Pl. IV, n° 4.* RRR. Æ . T . B.

578. **Parme. Clément VII.** *1 2 giulio.* **R\.** **SVB·TVVM·PRESIDIVM— PARMA.** La Vierge. RR. Æ . T . B.

579. **Paul III.** *Ducat d'or.* R. Or. T . B.

580. — *Monnaies des Papes et des Farnesi.* — 35 p. Æ . Bill. et Æ. B.

581. **Pavie. Othon III** (*denier*). **Henri III et IV** (*deniers et maille*). **Philippe- Marie Visconti.** *Trillina.* — 10 p. Æ . et Bill. B.

582. **Pergola. Pie VI.** *Sanpietrini.* **République de 1799.** *Due Baiocchi.* — 5 p. R. Æ. B.

583. **Pérouse. République** (*gros, quattrino et sesino*). **Léon X** (*quattrino*). — 9 p. Æ . et Bill. B.

584. — **Pie VI.** *Madonnine et sanpietrini, 4 baiocchi.* — 8 p. Bill et Æ. B.

585. **Pesaro. Constance Sforza** (*giulio*). **Jean Sforza** (*giulio, grossetto et quattrino*). **François-Marie de la Rovere** (*giulio et quattrino*). **Guidobald** (*grossetto*). — 12 p.   Æ. Bill et Æ. B.

586. **Plaisance. Paul III.** *Ducat.*   R. Or. T.B.

587. — *Monnaies des Papes et des Farnesi.* — 16 p.   Æ. et Bill. B.

588. **Piombino. Nicolò Ludovisi. Pise République.** — 9 p.   Æ. et Bill. B.

589. **Ragusa. République** (**XVᵉ siècle**) (*follari*). *République* (*XVIIIᵉ et XIXᵉ s.*). *Tallero* de 1772 ; *perpero* de 1723, *soldo* de 1797, *lira* de 1801. — 6 p. Æ. et Æ.

590. — **Ravenna.** Monnayage des évêques et des Papes. — 27 p.
Bill. et Æ. B.

591. — **Recanati.** *Quattrino du XIVᵉ s.* — **Reggio. Nicolo Maltraversi** (*bolognino*). **Les d'Este** (*quattrini*). — **Rimini** *Anconitani du XIVᵉ s.* — 14 p.
Æ. Bill. Æ. B.

592. **Reggio. Alphonse II d'Este.** *Quattrinello par le graveur Alfonso Ruspaggiari.* **ALF·II·DVX REGII·V.** Unicorne près d'un arbre. ℞. **+ NOBILITAS ESTENSIS.** Aigle.   RRR. Bill. T.B.

592 *bis*. **Retegno. Antoine-Théodore Trivulce.** *Ducatone.* *Voir Pl. IV, 6.*
RRR. Æ. T.B.

593. — **Rhodes.** Lot de monnaies des grands maitres.   Æ. B.

594. **Rome. Adrien II.** *Denier.* ÷ **LVDOVVICVS IMP.** Dans le champ **ROMA** en monogramme. ℞. **+ SCS PETRVS** dans le champ. **ADR** en monogramme.
RRR. Æ. F.D.C.

595. — **Agapet et Albéric.** *Denier.* **+ ALBERIVS·P**; au centre, **AGAPVS P** en monogramme. ℞. **+ SCS PETRVS.** Buste de saint Pierre. *Voyez Pl. IV, nᵒ 2.*
RRRR. Æ. F.D.C.

596. — **Sénat. Orsini.** *Ducat d'or.*   RR. Or. B.

597. — **Charles d'Anjou.** *Gros.* **+ KAROLVS·S·P·Q·R.** Lion à g. ; au-dessus, écusson chargé de trois fleurs de lis et du lambel. ℞. **+ ROMA CAPVT MVNDI.** Rome assise.   RR. Æ. T.B.

598. — *1/2 gros.* Lion à dr. ; écusson avec une seule fleur de lis.
RR. Æ. T.B.

599. — **Colonna et Orsini.** *1/2 gros.*   RR. Æ. T.B.

600. — **Sénateurs anonymes.** *Gros quattrini et provisini*. **Tribunat.** — 4 p.
ℛ. T.B.

601. — **Ladislas roi de Naples.** *Gros.* **+ SENATVS POPVLVS.** Écusson aux lettres **S·P·Q·R.** ℞. **ROMA CAPVT·MVNDI.** Rome assise. *Voir Pl. IV, n° 1.*
RRRR. ℛ. T.B.

602. — **Urbain V. Grégoire XI** (*bolognini*). **Pie II** (*bolognino*). **Sixte IV** (*grossetto et quattrino*). **Innocent VIII** (*gros*). — 8 p. . ℛ. et Bill. T.B.

603. — **Paul II.** *1 2 giulio*. **Jules II.** *Giulio.* Rossi, 3887 et 88. — 3 p.
R. ℛ. T.B.

604. — **Léon X.** *Giulio.* Rossi, 3908, 9, 11. — 3 p. RR. ℛ. T.B.

605. — **Sede Vacante 1521.** *Giulio.* RRR. ℛ. T.B.

606. — **Hadrien VI** (*giulio*). **Paul IV** (*giulio*). **Pie IV** (*giulio*). **Pie V** (*quattrino*). **Sixte V** (*testone et giulio pour Boulogne*). **Clément VIII.** — 12 p.
ℛ. et Bill. B.

607. — Lot de monnaies papales d'argent de Urbain VIII à Clément XIV. — 40 p.
ℛ. T.B.

608. — *Essai en argent du 1/2 sequin* de Benoit XIV. ℛ. T.B.

609. — Lot de monnaies papales en cuivre. Æ. T.B.

610. — Monnaies de Pie IX. — 55 p. ℛ. et Æ. T.B.

611. — **République de 1798-99.** *2, 1 et 1 2 baiocco.* — 12 p. Æ. B.

612. — *Essais du 2 et 1 baiocco.* Æ. T.B.

613. — *Ecu par T. Mercadetti.* ℛ. T.B.

614. — **République de 1849.** *40, 16, 8, 4, 3, 1 et 1 2 baiocchi.* — 14 p.
Bill. et Æ. T.B.

615. — **Ronciglione.** *Madonnine.* Æ. B.

616. **Sabbionetta Gonzagues** (*quattrini*). — **Sanmarino.** **République** (*10 et 5 cent.*). — 6 p. Bill. et Æ. B.

617. **Siena. République XIV° s.** (*gros et deniers*). **Henri II, roi de France** (*parpujola*). — **Sinigaglia François-Marie de la Rovere** (*quattrini*). — **Spalatro** (*gros*). ℛ. et Bill. B.

618. **Spoleto et Sanseverino. Pie VI.** *Madonnine et 1 2 baiocco.* — 5 p.
Æ. T.B.

619. **Savoia.** Lot de 63 pièces. Æ. Bill. Æ. B.

620. — Lot de 43 monnaies de Victor Emanuel II, Humbert et Victor Emanuel III. Æ. et Æ. T.B.

621. — *Tallero 2 et 1 Lira* pour l'Érythrée. — 3 p. Æ. F.D.C.

622. **Susa. Amédée III** (*denier*). — **Tivoli. Pie VI** (*madonnine*). — **Terni 1797.** *8 baiocchi*. B.

623. **Ticino.** - **Turin.** — **Tortona.** — 26 p. Æ. Bill. et Æ. B.

624. **Viterbo. Pie VI.** Sampietrini de 1796 et 1797. — 6 p. Æ. T.B.

625. **Urbino. Guidobald I** (*quattrini*). **François Marie II** (*giulio*). Gros et grossetto. Quattrini, sesini, etc. **Guidobald II**. Grossetto et quattrini. — 21 p.
R. Æ. Bill. et Æ. T.B.

626. **Venise. Orio Malipiero** (*piccolo*). **Henri Dandolo** (*piccolo*). **Ranieri Zeno** (*matapan*). **Andrea Contarini** (*soldino*). **Franc. Dandolo** (*soldino*). **Marco Cornaro** (*soldino*). **Jean Dolfin** (*vessilifero*). **Lorenzo Celso** (*vessilifero*). — 12 p.
Æ. T.B.

627. — **Pierre Gradenigo.** *Sequin*. Or. F.D.C.

628. — **André Dandolo.** *Sequin*. Or. F.D.C.

629. — Lot de 54 monnaies de Venise. Æ. et Æ. Bill. T.B.

630. — Ducats et 1/2 ducats de Aloise Mocenigo, Dom. Contarini, Fr. Loredano, Paul Ramieri, et Louis Manin. — 6 p. Æ. T.B.

631. — Lot de monnaies autrichiennes et napoléoniennes. Æ. et Æ. B.

632. — **Possessions vénitiennes.** — 17 p. Æ. B.

633. **Vercelli (Charles Em. I).** — **Verone Républ. Barth. Ant. de la Scala.** **Jean Galéas. Visconti. Maximilien Emp.** — **Volterra. République.**
Æ. et Bill. B.

634. **France. Bretagne. François I.** *Écu au soleil* frappé à Nantes. *Voyez pl. IV, 11.* RR. Or. F.D.C.

635. **Flandre. Louis II Comte.** *Mouton d'or. Voyez pl. IV, 13.* RR. Or. T.B.

636. **Espagne. Ferdinand et Isabelle.** *Double ducat.* Or. T.B.

637. **Angleterre. Jacques I**. *30 schellins (coquille)*. IACOBVS·DEI·GRA·MAG·
BRIT FRAN ET HIB REX. Son buste à dr. ℞. FACIAM·EOS·IN·GENTEM
VNAM—I·R. Armoiries. *Voyez pl. IV, 12*.   Or. T.B.

638.   —   *20 schellins* (fleur de lis). IACOBVS : D : G : MAG·BRIT·FRAN·
ET·HIB·REX. Son buste lauré à g. ; derrière, **XX**. ℞. FACIAM EOS IN GENTEM
VNAM. Armoiries.   Or. T.B.

639.   Un lot de monnaies étrangères.   R . et Æ. B.

640.   —   Un lot de monnaies italiennes.   R . et Æ. B.

641.   —   Un lot de jetons français (Louis XIV, XV, XVI et Napoléon).
11 p.   R . Æ. T.B.

642.   —   Un lot de jetons suisses, anglais, belges et italiens. — 9 p.   Æ. B.

643.   —   Un lot de jetons lombards (XIV, XV et XVIe s.). — 6 p.   Æ. B.

644.   ·   Un lot de jetons et tessères italiennes. Alimentation. Industries
diverses. Circo Agonale. Monuments publics. — 20 p.   Æ. T.B.

645.   —   Sceau d'un siège maçonnique.   Æ. T.B.

646. **Médailles des fous**. Têtes grotesques de Papes et évêques.   Æ. T.B.

647.   Lot de médailles.   .   R . et Æ. B.

648.   —   *Médaille de Caroline femme de Murat*, par Denon et Brenet. ΒΑΣΙΛΙΣΣΑ
ΚΑΡΟΛΙΝΗ. Sa tête à dr. ℞. Taureau à tête humaine couronné par la Victoire et
l'ex.. ΝΕΟΠΟΛΙΤΩΝ. Superbe ex. *Voyez pl. IV, 9*.   R . F.D.C.

649.   —   Lot de médailles à sujets religieux.   R . et Æ. T.B.

650.   —   Lot de poids monétaires.

MACON, PROTAT FRÈRES, IMPRIMEURS.

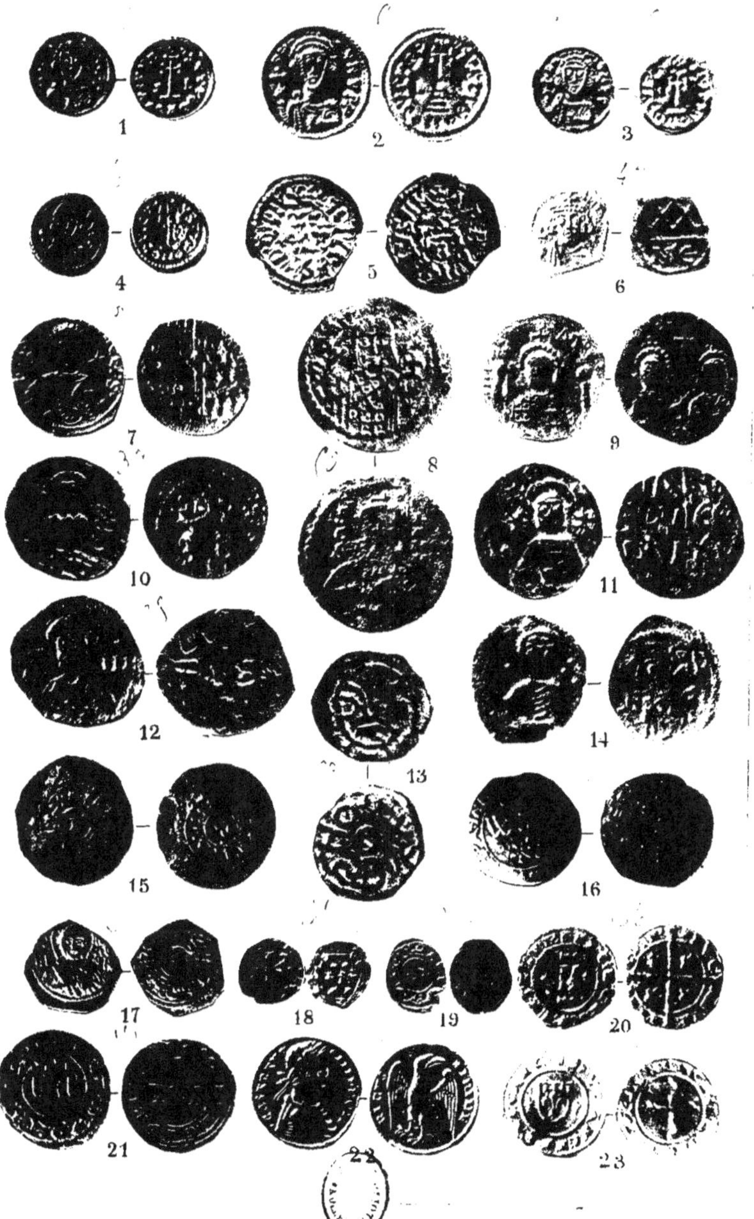

COLLECTION COLONNA

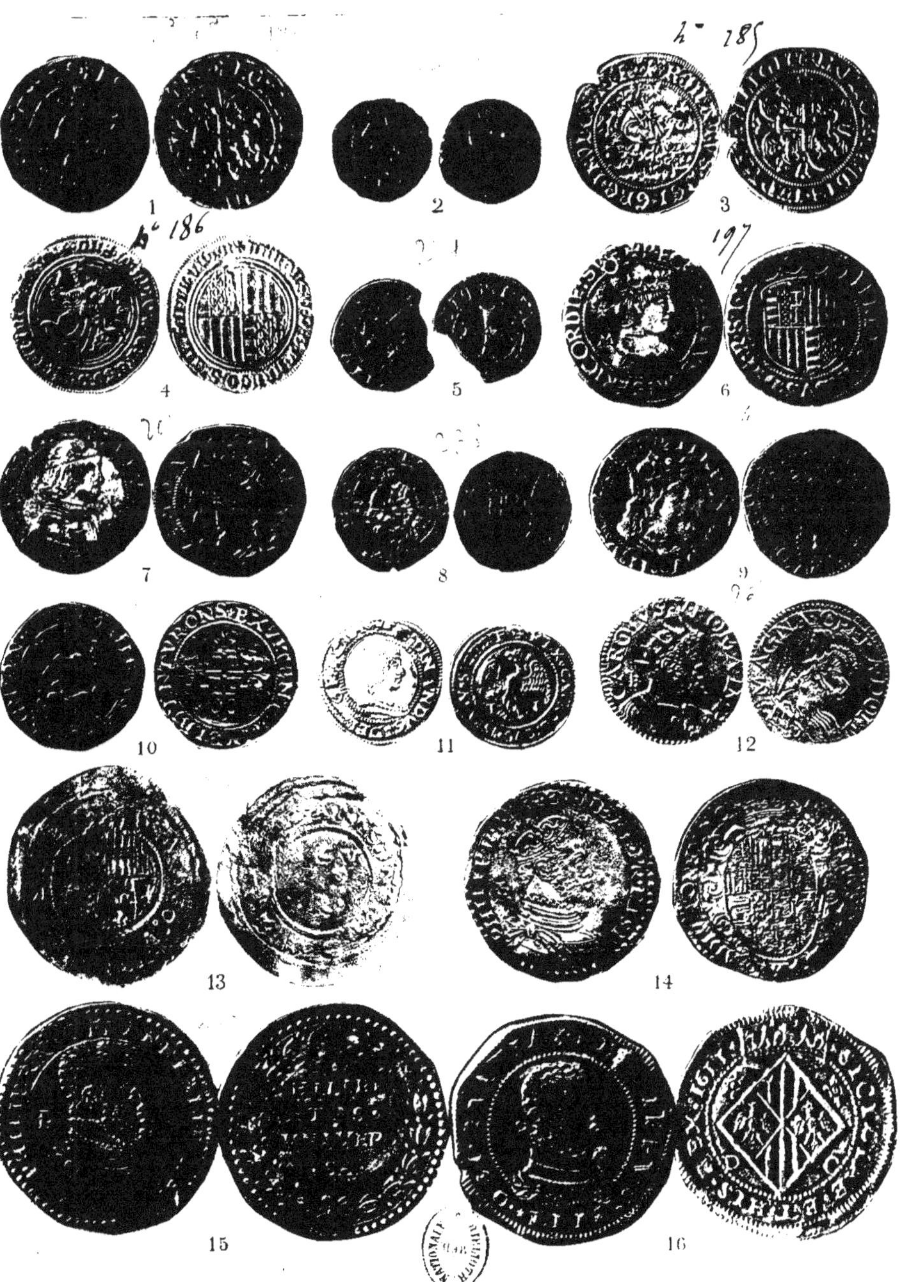

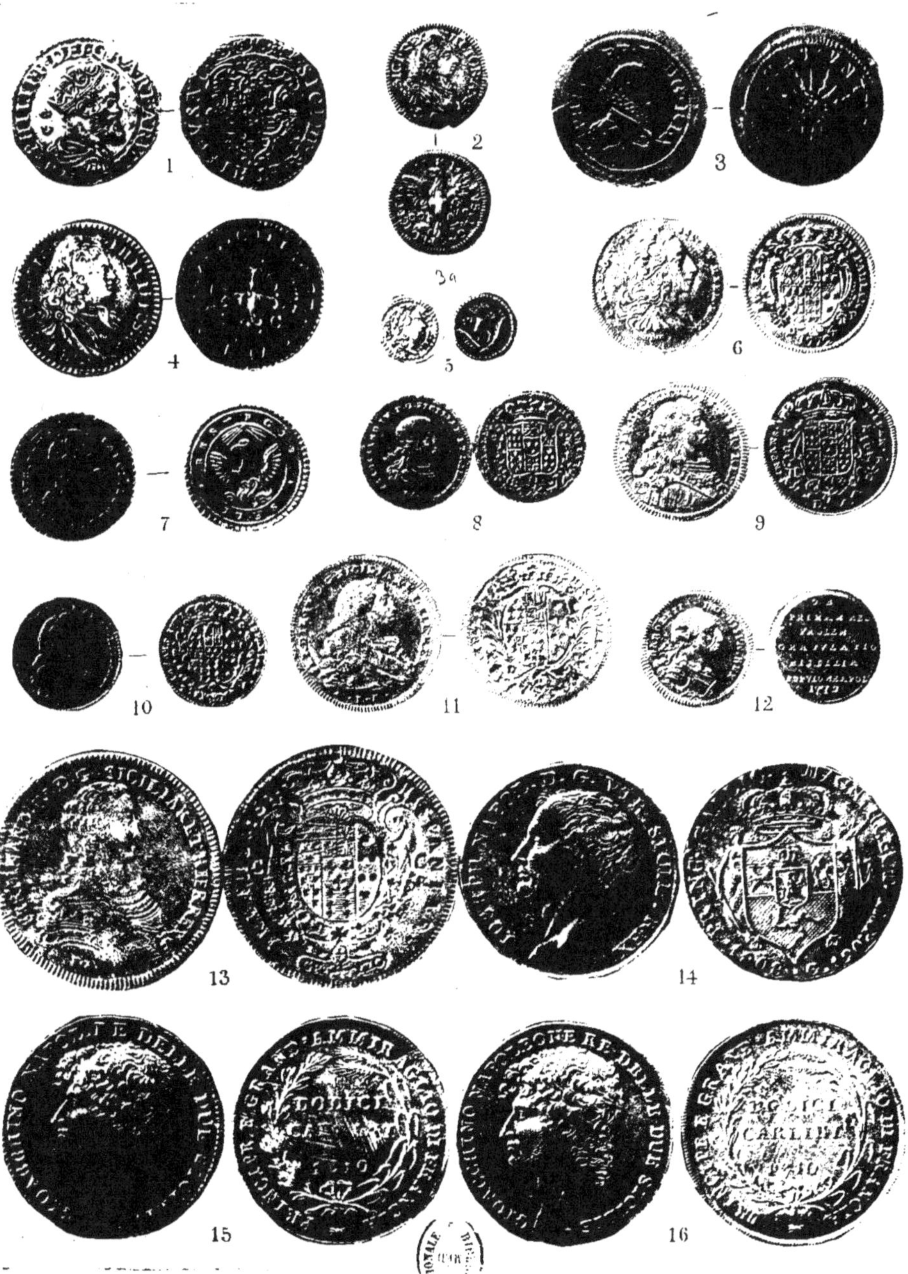

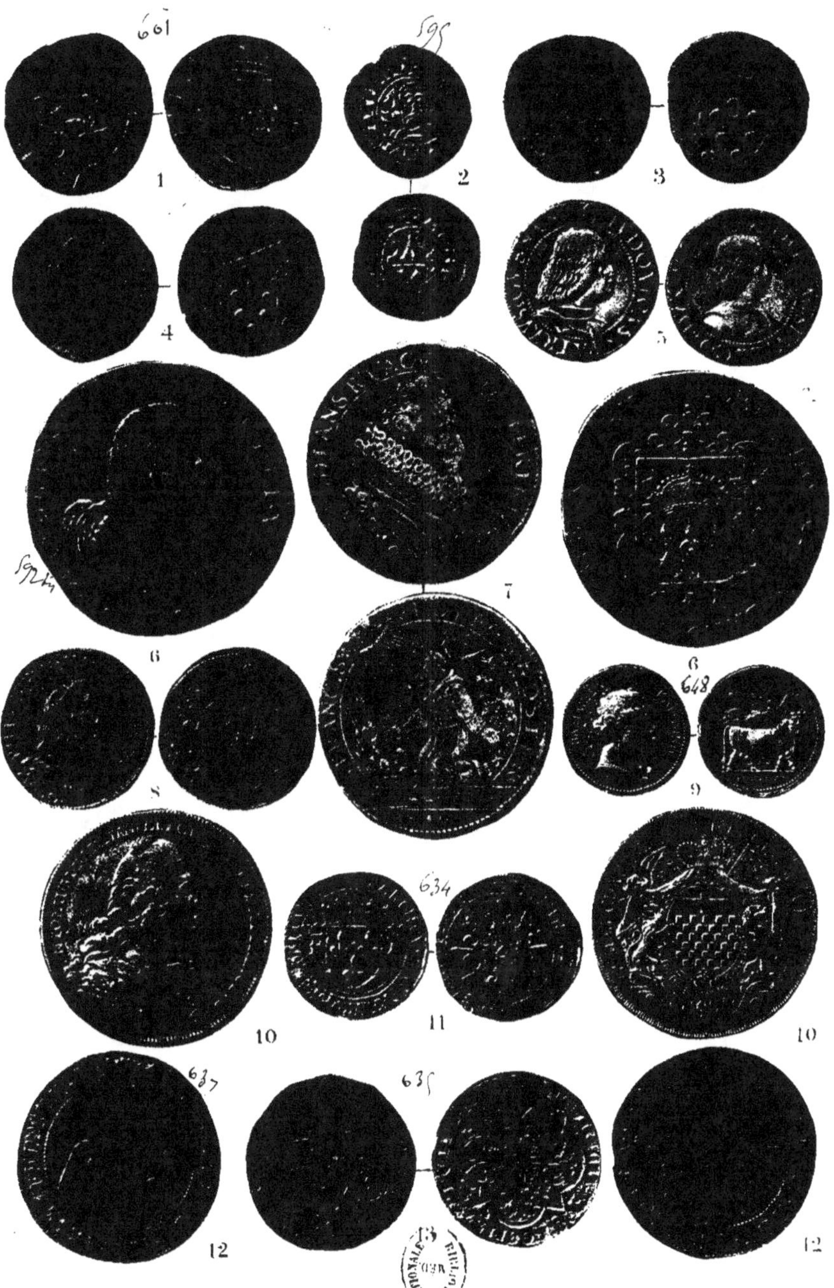

LE MUSÉE

REVUE D'ART MENSUELLE ILLUSTRÉE

Publiée par C. & E. CANESSA

RÉDACTION & ADMINISTRATION : PARIS. — 34, Rue de Provence. — PARIS

DIRECTEUR : ARTHUR SAMBON

COLLABORATEURS :

Sir Alma Tadema, E. Babelon (de l'Institut), Albert Besnard, Émile Bourdelle, Alfred Bruneau, Edme Couty, Marcel Dieulafoy (de l'Institut), Th. Duret, C. Enlart (dir. du Musée de sculpture comparée au Trocadéro), L. Forrer, Jean de Foville, W. Froehner, Georges Foucart, E. Gabrici (conservateur du musée de Naples), Émile Gebhart (de l'Académie française), G. Guibert (de la Bibliothèque nationale), P. Gusman, E. d'Hauterive, G. F. Hill (du British Museum), Frantz-Jourdain, William Laparra, Henri de la Tour (de la Bibliothèque nationale), Georges Lecomte, L. Lhermitte (de l'Institut), Prof. Horace Marucchi (de Rome), Roger Marx, Eugène Morel, Auguste Rodin, Arthur Sambon, André Sauvaire-Jourdain, F. de Villenoisy, etc.

ABONNEMENT : pour la France. — **16 francs.**
pour l'Étranger. — **20 francs.**

MACON, PROTAT FRÈRES, IMPRIMEURS

www.ingramcontent.com/pod-product-compliance
Lightning Source LLC
LaVergne TN
LVHW021143200726
843510LV00001B/234